O papel do Direito Penal no enfrentamento da discriminação

S586p Silva, Katia Elenise Oliveira da
O papel do Direito Penal no enfrentamento da discriminação / Katia Elenise Oliveira da Silva. — Porto Alegre: Livraria do Advogado, 2001.
159p.; 14x21cm.

ISBN 85-7348-190-0

1. Discriminação racial. 2. Racismo: Direito Penal. 3. Racismo: Legislação Penal. I. Título.

CDU - 342.724

Índices para o catálogo sistemático:

Discriminação racial
Racismo: Direito Penal
Racismo: Legislação Penal

(Bibliotecária responsável: Marta Roberto, CRB-10/652)

KATIA ELENISE OLIVEIRA DA SILVA

O papel do DIREITO PENAL no enfrentamento da DISCRIMINAÇÃO

livraria DO ADVOGADO editora

Porto Alegre 2001

Capa, projeto gráfico e diagramação
Livraria do Advogado Editora

Revisão
Rosane Marques Borba

Livraria do Advogado Ltda.
Rua Riachuelo, 1338
90010-273 Porto Alegre RS
Fone/fax: 0800-51-7522
info@doadvogado.com.br
www.doadvogado.com.br

Impresso no Brasil / Printed in Brazil

Agradeço ao Tribunal de Justiça do Rio Grande do Sul
por estimular e proporcionar as condições para
o aperfeiçoamento dos Magistrados gaúchos.

À Maria José Constantino Petri, pela amizade e auxílio
dispensados no período em que estive em São Paulo.

E aos meus pais, Rubem Ramos da Silva e
Dejanira Oliveira da Silva, incansáveis
incentivadores dos sonhos que tive.

Prefácio

A presente obra, redigida pela magistrada, professora universitária e da Escola Superior da Magistratura de nosso Estado, Kátia Elenise Oliveira da Silva, trata de um tema que muitos brasileiros preferem ignorar ou negar: racismo, preconceito e discriminação na "democracia racial".

O mito da democracia racial brasileira, além de estabelecer uma falsa consciência sobre as relações raciais no Brasil, impediu por quase um século que as práticas de discriminação racial fossem criminalizadas. A única legislação existente até 1988, a Lei nº 1.390, de 03/07/51 - Lei Afonso Arinos -, considerava as manifestações de racismo como meras contravenções penais, sancionadas com irrisórias penas de multa.

A Constituição de 1988 consagrou os esforços e a luta dos movimentos negros brasileiros ao reconhecer a prática do racismo em nossa sociedade e instituído como um crime inafiançável e imprescritível, contrariando a longa tradição de mascaramento do racismo presente na sociedade brasileira através do mito da democracia racial.

No presente ensaio, apresentado como exigência parcial para obtenção do título de Mestre em Direito das Relações Sociais, perante a Pontifícia Universidade Católica de São Paulo, a autora efetuou completo levantamento histórico das leis penais e constitucionais que tratam da questão da discriminação em nosso país.

Após efetuar aprofundado estudo da lei antidiscriminatória em vigor, e constatar sua ineficácia, a autora conclui pela insuficiência do direito penal, como instrumento capaz de enfrentar a discriminação. Ao estabelecer os limites e o papel do Direito Penal, sustenta que a ineficácia das leis penais antidiscriminatórias se deve ao desrespeito pelos marcos conformadores do direito repressivo. É dizer: utiliza-se do direito penal indevida e desnecessariamente.

Neste sentido, e ainda que não adote uma perspectiva expressamente minimalista, o trabalho recorre à noção de que num Estado Democrático de Direito a intervenção penal deve ser necessariamente mínima (subsidiária), expressando somente a idéia de proteção dos bens jurídicos vitais para a vida do homem em sociedade.

Defende, também, que o uso de um direito penal promocional, além de desbordar sua função própria, gerando sua ineficácia, autoriza a adoção de um direito penal de máxima intervenção.

Ao analisar a intersecção entre direito e relações raciais no Brasil, agregando à disciplina jurídica as contribuições de ciências como sociologia, psicologia, antropologia e outras, concede quanto ao fato de que a inscrição do princípio da não-discriminação e as reiteradas declarações de igualdade têm sido insuficientes para estancar a reprodução de práticas discriminatórias na sociedade brasileira.

Assim é que a dimensão factual, empírica, do direito à igualdade, à luz dos estudos sobre discriminação racial nas relações cotidianas, revela flagrante violação de pelo menos dois de seus conteúdos jurídicos fundamentais: igualdade de fruição de direitos e igualdade na aplicação da lei.

Pode-se afirmar, com a autora, que a discriminação no Brasil é prática recorrente, encoberta por uma cultura de impunidade.

Entende-se, também, que os limites das legislações atuais são claras: visam a atacar atos de discriminação e retirar barreiras impostas por práticas racistas. Porém, elas não vão suprimir a grande deficiência das condições de concorrência às oportunidades de trabalho, ou de acesso à educação que a maioria dos afro-brasileiros, por exemplo, estão a vivenciar. A legislação criminal ou mesmo civil não pode dar respostas a problemas para os quais não foram elaboradas.

Resta, como fez com coragem e maestria a autora deste livro, continuar a luta para que se compreenda melhor o problema e as implicações da discriminação em qualquer de suas formas. A tarefa é árdua, mas faz parte de um processo de construção da liberdade, que ainda está em andamento.

Des. Mário José Gomes Pereira

Coordenador da área de Ciências Criminais da
Escola Superior da Magistratura/RS

Sumário

Introdução

O legislador brasileiro utiliza a lei penal desde 1951, buscando solucionar o problema da discriminação. No entanto, até o momento, não tem alcançado o sucesso desejado, pois a eficácia das leis antidiscriminatórias penais é muito precária.

A partir da 1988, com a promulgação da Constituição Federal, este tema foi abordado de forma mais contundente, representando uma ruptura com a visão anterior. Houve um reconhecimento da relevância da matéria, e algumas condutas discriminatórias que antes eram consideradas contravenções penais foram elevadas à condição de crime.

Com efeito, a Carta Magna determina que não só será punida qualquer discriminação atentatória aos direitos e liberdades fundamentais - artigo 5º, inciso XLI, da CF -, bem como estipula que a prática do racismo passa a ser crime imprescritível e inafiançável - artigo 5º, inciso XLII, da CF.

Após entrar em vigor o texto constitucional de 1988, o legislador ordinário já expediu quatro leis tipificando os delitos de discriminação: Lei nº 7.716, de 05.01.89; Lei nº 8.081, de 21.09.90; Lei nº 8.882, de 03.06.94, e Lei nº 9.459, de 13.05.97, sendo que as três últimas modificaram a primeira.

As sucessivas reformas da Lei nº 7.716/89 já evidenciam que o legislador estaria com dificuldades para identificar quais condutas deveriam ser tipificadas como ilícitos penais na questão da discriminação e, também, como fazê-lo.

Além do mais, analisando-se a jurisprudência, verifica-se que não há um número expressivo de julgamentos abordando a discriminação.

Tal situação sugere duas questões: ou os brasileiros não apresentam condutas discriminatórias e viveríamos numa sociedade quase ideal; ou as leis que dispõem sobre os delitos de discriminação não estão sendo eficazes para enfrentar essa matéria, exatamente pela gravidade dela e por ser uma conduta generalizada na sociedade brasileira, que apresentaria uma forma de discriminação dissimulada.

Como sabemos que "embora a segregação de *jure* não exista no Brasil, a segregação de *facto* é uma realidade" (Eccles, 1991, p. 148), é inviável pensarmos que a sociedade brasileira está isenta de discriminações.

Por isso, entendendo que a questão da discriminação é extremamente importante e tem reflexos danosos, uma vez que traz prejuízos imediatos para a vítima e prejuízos mediatos para toda a sociedade, procuramos, neste livro, verificar por que a eficácia das leis criminais, que buscam a solução deste problema, tem tão pouca expressão, a fim de estabelecermos os limites do Direito Penal para enfrentar esta questão.

Para tanto, partimos de um relato histórico, com a finalidade de investigarmos como o legislador pátrio vem abordando a discriminação através dos tempos, bem como os fatos sociais mais importantes que determinaram as modificações ocorridas.

Em seguida examinamos, de forma mais detida, o texto constitucional vigente e as leis penais sobre a discriminação que foram promulgadas após a Constituição Federal de 1988.

Elaboramos uma análise crítica, global, da última lei penal antidiscriminatória e das previsões constitucionais de imprescritibilidade e de inafiançabilidade para a prática do racismo, procurando sempre evidenciar os limites do Direito Penal no combate à discriminação.

Também realizamos um levantamento da jurisprudência brasileira, com o intuito de sabermos como está sendo aplicada a lei antidiscriminatória e qual a eficácia da mesma.

As leis penais que disciplinam a matéria, em muitas oportunidades, utilizam os conteúdos da discriminação, do racismo e do preconceito como sinônimos, pois o legislador ordinário não primou por uma precisão técnica, desprezando os ensinamentos já conseguidos nessa matéria por outras ciências.

Para investigarmos se houve reflexo desta mescla de conteúdos na eficácia da lei penal antidiscriminatória, realizamos uma incursão na Antropologia, na Sociologia e na Psicologia, oportunidade em que compilamos o pensamento de antropólogos, sociólogos, psicólogos e juristas sobre os temas do racismo, da discriminação e do preconceito, para que tivéssemos uma visão mais ampla, na busca de novas possibilidades de abordagens.

Ressaltamos que a compreensão das maneiras como as condutas discriminatórias ocorrem na sociedade brasileira exige o transcurso por essas várias áreas de conhecimento.

Também estudamos qual o papel que a Lingüística pode desempenhar, pois a língua impõe valores que são absorvidos e atuam como perpetuadores de preconceitos. Em face disto, buscamos saber quais os efeitos da língua sobre a questão da discriminação e como poderia ser realizada uma reversão dos mesmos, sendo que aproveitamos, para tanto, os conhecimentos da Filosofia do Direito e dos conceitos lingüísticos.

No entanto, esclarecemos que somente utilizamos os estudos e conceitos que estas ciências apresentam sobre a discriminação, sem ter a pretensão de um aprofundamento maior ou de esgotar o assunto, tarefa impossível, face aos limites deste livro. A nossa intenção foi bem mais modesta: traçamos um perfil generalizado de como as discriminações são sustentadas pelos brasileiros, para depois verificarmos qual o papel do Direito Penal em relação a este tema.

Apesar da escassez de estudos disponíveis na área penal sobre esta matéria, coligimos as posições que encontramos, buscando, também, subsídios na doutrina constitucional.

O Direito Comparado pode fornecer elementos significativos sobre a maneira como os demais países estão abordando a discriminação e o sucesso por eles atingido. Em face disto, analisamos brevemente algumas legislações, fazendo uma comparação com a legislação brasileira, sempre examinando a experiência de outros povos com a devida contextualização, pois a prática discriminatória assume contornos diversos conforme a cultura dos povos.

É importante salientarmos que todos nós, que pretendemos analisar condutas discriminatórias, entre elas as que envolvem as relações raciais, "somos prisioneiros da vida nessas relações" (Jones, 1973, p. 151). Por isso, é impossível estarmos isentos dos nossos próprios preconceitos.

Portanto, o esforço das pessoas que se dedicam a esta matéria deve ser redobrado, pois a compreensão dos limites do Direito Penal para o enfrentamento da discriminação exige o rompimento de muitas barreiras, tanto pessoais como profissionais.

Além do mais, é indispensável o reconhecimento de que o Direito Penal não vai solucionar este problema sozinho, uma vez que face à complexidade do mesmo é necessária a contribuição de outras áreas do conhecimento.

Consideraremos cumprida a nossa tarefa, se ao final deste livro estiverem evidenciados os limites e as possibilidades do Direito Penal, para enfrentar as modalidades de discriminação que ocorrem entre os brasileiros.

Capítulo I

A evolução legislativa a respeito da matéria

É importante traçar o panorama histórico sobre a matéria de discriminação, para que se tenha uma visão geral de como esta questão foi trabalhada no decorrer dos anos, na legislação brasileira.

A discriminação está intimamente ligada ao princípio da igualdade o qual, desde 1789, com a Declaração Universal dos Direitos do Homem, vem sendo discutido abertamente pela humanidade. Em face disto, para que se tenha uma noção mais ampla do desenvolvimento desta questão, a legislação penal será analisada juntamente com as modificações constitucionais ocorridas em nosso País.

1. Ordenações Filipinas

As Ordenações Filipinas passaram a vigorar no Brasil pouco tempo após o descobrimento e foram aplicadas até o ano de 1830. Esta legislação era elitista e admitia, expressamente, atos discriminatórios.

Com efeito, no Livro V das Ordenações do Reino - Código Filipino, que trata da parte penal, facilmente constatam-se várias discriminações que hoje seriam tidas como injustas, pois as diferenças consideradas relevantes são sempre estabelecidas com base em opções de valor e, portanto, historicamente condicionadas. Assim, "se recordarmos as justificações adotadas, em cada oportunidade concreta, para justificar as sucessivas ampliações dos direitos políticos, compreenderemos que uma diferença considerada relevante em um determinado período histórico (para excluir certas categorias de pessoas dos direitos políticos) deixa de ser considerada relevante num período posterior." (Bobbio, 1996, p. 28).

Naquela época, a pessoa que não cumprisse as discriminações determinadas por lei sofreria uma pena. Neste sentido, apenas para exemplificar, podemos citar:

a) O combate à miscigenação, considerando-se crime as relações sexuais entre cristãos e infiéis, previsto no Título XIV do Livro V das Ordenações do Reino,[1] que como salientou Basileu Garcia *apud* Jesus (1980, p. 92) "já se tem querido ver nessa atitude do legislador português como que uma antecipação do espírito germânico de combate às pessoas de raça não ariana";

b) A obrigação de identificação de algumas pessoas, prevista no Título XCIV do Livro V das Ordenações Filipinas,[2] para que se diferenciassem das demais e, com isso, fossem facilmente discriminadas, pois "é mais conveniente sentir-se superior àqueles que é possível identificar. Não podemos temer, odiar ou detestar, com verdadeira paixão, aqueles que não podemos discriminar." (Pacheco, 1983, p. 11).

---

[1] "Do Infiel, que dorme com alguma Christã, e do Christão, que dorme com Infiel. Qualquer Christão, que tiver ajuntamento carnal com alguma Moura, ou com qualquer outra Infiel; ou Christã com Mouro, ou Judeu, ou com qualquer outro Infiel, morra por isso, e esta mesma pena haverá o Infiel." (Pierangelli, 1980, p. 27).

[2] "Dos Mouros e Judeos, que andão sem sinal. Os Mouros e Judeos, que em nossos Reinos andarem com nossa licença, assi livres, como captivos, trarão sinal, per que sejão conhecidos, convém a saber, os Judeos carapuça, ou chapeu amarello, e os Mouros huma lua de panno vermelho de quatro dedos, cosida no hombro direito, na capa e no pelote. E o que não o trouxer, ou o trouxer coberto, seja preso, e pague pola primeira vez mil réis da Cadêa. E pola segunda dous mil réis para o Meirinho, que o prender. E pola terceira, seja confiscado, ora seja captivo, ora livre." (Pierangelli, 1980, p. 82)

Este Estatuto Legal, severo e desigual, vigorou mesmo após a promulgação da Constituição do Império de 1824, a qual tinha fortes inspirações na doutrina liberal, aparecendo a preocupação com os direitos e garantias fundamentais do ser humano, pois somente em 1830 foi promulgado um novo Código Penal.

2. Constituição Política do Império do Brasil, de 25 de março de 1824

No artigo 179, XVIII, desta Carta Magna, já encontramos as linhas de como deveria guiar-se o legislador penal ordinário: "Organizar-se-ha quanto antes um Codigo Civil, e Criminal, fundado nas solidas bases da *Justiça*, e *Equidade* (grifo nosso)." (Campanhole, 1971, p. 601).

No entanto, apesar disto, ainda prosseguiu existindo o trabalho escravo, atrasando por algum tempo o ingresso da igualdade formal na legislação brasileira, pois "o alvo polêmico da igualdade jurídica é a sociedade escravista, isto é, aquela sociedade na qual nem todos os membros são pessoas jurídicas." (Bobbio, 1996, p.30).

Com efeito, um novo contexto intelectual já havia surgido e "a reflexão sobre a diversidade se torna, (...), central quando, no século XVIII, a partir dos legados políticos da Revolução Francesa e dos ensinamentos da Ilustração, estabelecem-se as bases filosóficas para se pensar a humanidade enquanto totalidade" (Schwarcz, 1993, p. 44 e 45). Mas, no Brasil, o artigo 179 da Constituição continuava sendo entendido de uma forma muito limitada. Neste sentido, Evaristo de Morais *apud* Prudente (1988, p. 137):

> "Este dispositivo assegurava os direitos individuais: vida, liberdade, segurança e também o direito à propriedade. Pois bem, justamente esta norma

constitucional/liberal foi evocada perante o Tribunal Superior de Justiça, em defesa de proprietários, que utilizavam suas escravas no meretrício. E, aquela Suprema Corte acolheu o 'rufianismo' permitindo ao proprietário o livre uso de seus bens/escravos."

3. Código Criminal do Império do Brasil, de 1830

Como já frisamos acima, ainda continuava existindo a escravidão e, assim, apesar de nosso Código Criminal ter sido extremamente avançado para a época, o negro ficou à margem das conquistas liberais.

Na área criminal, a ideologia do racismo estava legitimada, pois o negro escravizado somente era considerado pessoa quando réu. A situação do escravo era ambígua: em determinados casos, a lei penal o considerava coisa, podendo ser objeto de estelionato e roubo, entretanto, se cometesse um crime, era considerado sujeito de direitos, devendo responder por seus atos.

No âmbito civil, também era tido como objeto, mais precisamente, uma mercadoria.

Além do mais, em caso de condenação criminal, receberia pena mais severa, diferenciada da que era aplicada aos cidadãos livres. O artigo 60 do Código Criminal de 1830[3] reflete bem esta discriminação.

O artigo 179, XIX, da Constituição Política do Império do Brasil de 1824 determinou que ficariam "abolidos os açoites, a tortura, a marca a ferro quente, e todas as mais penas cruéis" (Campanhole, 1971, p. 601). No entanto, tal preceito constitucional não era respeitado em relação aos escravos, pois o artigo 60 do Código

[3] "Artigo 60 - Se o réo fôr escravo, e incorrer em pena que não seja a capital ou de galés, será condemnado na de açoutes, e, depois de os soffrer, será entregue a seu senhor, que se obrigará a trazê-lo com um ferro pelo tempo e maneira que o juiz o designar." (Pierangelli, 1980, p. 173)

Criminal de 1830 "impunha ao escravo a pena de açoite, permitindo a seu senhor complementar o *jus puniendi* do Estado." (Cernicchiaro, 1995, p. 244).

Mesmo havendo nítida discriminação em alguns de seus artigos, o Código Criminal foi muito criticado por sua liberalidade e, utilizando-se isto como desculpa, muitas leis que não respeitavam a igualdade foram promulgadas, entre elas: a Lei nº 04, de 10 de junho de 1835, que determinava as penas para os escravos que praticassem crimes de homicídio, ferimentos e outras ofensas físicas contra seus senhores, estipulando regras específicas para os respectivos processos. Salientando-se que não havia recurso nestes processos, mesmo quando a pena era de morte; e a Lei de 15 de outubro de 1837 que dispunha que o furto praticado pelo escravo deveria ser considerado como roubo, com pena maior. (Cf. Trípoli, 1947, p. 325).

4. Código Penal dos Estados Unidos do Brasil, de 1890

Pelo Decreto nº 847, de 11 de outubro de 1890, foi introduzido um novo Código Penal brasileiro, sendo que o legislador cometeu um grave erro ao elaborar este estatuto legal antes da promulgação da Constituição Republicana. Assim, apesar de abolida a escravidão em 1888 e prevista a igualdade para todos os brasileiros, não houve no Código Penal qualquer determinação contra a prática do racismo e da discriminação em geral.

Pelo contrário, neste diploma penal estão previstos alguns crimes com nítida conotação discriminatória racial, como por exemplo o artigo 402,[4] que trata "de um

[4] "Artigo 402. Fazer nas ruas e praças publicas exercicios de agilidade e destreza corporal conhecidos pela denominação *capoeiragem*; andar em correrias, com armas ou instrumentos capazes de produzir uma lesão corporal, provocando tumultos ou desordens, ameaçando pessoa certa ou incerta, ou

claro exemplo de criminalização de um comportamento com o propósito de reprimir uma camada social específica, discriminada pela cor". (Fausto, 1984, p. 35).

As leis penais nada mais fazem "senão discriminar situações para submetê-las à regência de tais ou quais regras - sendo esta mesma sua característica funcional - é preciso indagar quais as discriminações jurídicas intoleráveis" (Mello, 1997, p. 11), pois "onde a regra é a igualdade, deve ser justificado o tratamento desigual" (Bobbio, 1996, p. 10).

As discriminações existentes nesta legislação penal eram de toda a ordem e não traziam qualquer justificação jurídica, por isso podemos rotulá-las de injustas. Exemplo disto era o tratamento assimétrico conferido aos cônjuges, uma vez que para o crime de adultério[5] havia previsão diferenciada conforme os sexos, pois o homem casado só era considerado adúltero, se mantivesse relações sexuais com uma concubina teúda e manteúda, enquanto para a mulher bastava manter relações sexuais esporádicas.

Esta situação de discriminações institucionalizadas e, inclusive, respaldadas por leis e decretos, persiste de modo sistemático neste período da história do Brasil, sendo exemplo contundente disto o Decreto 528, de 28 de junho de 1890, que "abria o Brasil para todas as pessoas válidas e capazes para o trabalho, desde que não estivessem sob processo criminal em seus países de origem, 'com excepção dos africanos e asiáticos' (Decreto do Governo Provisório, 6º fasc., Rio de Janeiro, 1890)". (Schwarcz, 1993, p. 184).

---

incutindo temor de algum mal. Pena - de prisão cellular por dois a seis meses. Paragrapho unico. É considerada circumstancia aggravante pertencer a capoeira a alguma banda ou malta. Aos chefes, ou cabeças, se imporá a pena em dobro." (Pierangelli, 1980, p. 317).

[5] "Artigo 279 - A mulher casada que commetter adulterio, será punida com a pena de prisão cellular por um a tres annos. § 1º. Em igual pena incorrerá: 1º, o marido que tiver concubina teúda e manteúda;" (Pierangelli, 1980, p. 301).

Por outro lado, de uma forma tímida e indireta, aparecem alguns crimes que pretendem combater a discriminação, entre eles os crimes contra a honra e a boa fama - artigos 315 a 325, bem como os crimes contra o livre exercício dos cultos - artigo 185.[6]

5. Constituição da República Federativa dos Estados Unidos do Brasil, de 24 de fevereiro de 1891

Proclamada a República, elaborou-se uma nova Constituição, uma vez que estava alterada profundamente a realidade política e social do Brasil.

No artigo 72, § 2º, desta Constituição, encontramos o princípio da igualdade:

> "Todos são iguaes perante a lei. A República não admite privilegio de nascimento, desconhece foros de nobreza, e extingue as ordens honorificas existentes e todas as suas prerogativas e regalias, bem como os títulos nobiliarchicos e de conselho." (Campanhole, 1971, p. 474).

Impõe-se a igualdade formal, e o Brasil equipara-se à maioria das outras nações, as quais, a partir do constitucionalismo do século XVIII, determinaram que os direitos fundamentais do homem seriam "afirmados de forma clara e solene, como limitação ao poder do Estado, a ponto de assimilarem a diferença entre a 'liberdade dos antigos' e a liberdade dos modernos'." (Grinover, 1982, p. 5).

No entanto, nada foi feito para auxiliar a comunidade de ex-escravos e, com isso, "a igualdade de princí-

[6] "Art. 185. Ultrajar qualquer confissão religiosa, vilipendiando acto ou objecto de seu culto, desacatando ou profanando os seus symbolos publicamente. Pena - de prisão cellular por um a seis meses." (Pierangelli, 1980, p. 289).

pios era inscrita na constituição das nações modernas, delegando-se às 'diferenças' um espaço 'moralmente neutro'." (Dumont, 1966 *apud* Schwarcz, 1993, p. 45).

Fernando Henrique Cardoso (1977, p. 269), ao analisar como foi o início da afirmação do homem negro na sociedade gaúcha, logo após a abolição, concluiu que a afirmação da negritude não teve condições de efetivar-se, pois "o ideal de branquidade e a caricatura da conduta pequeno-burguesa dos brancos generalizaram-se entre os negros capazes de reagir as próprias condições de vida, quase desaparecendo as reivindicações da negritude."

Por outro lado, era forte a ligação existente entre raça e criminalidade, o que reforçava a discriminação civil. O racismo adquire conotações "científicas" amplamente aceitas, como se observa na Criminologia Lombrosiana que "foi adotada no Brasil com larga aceitação e orientou, sobretudo, as práticas políticas das instituições de controle social" (Neder, 1994, p. 49).

Na difusão deste pensamento, contribuiu de maneira contundente Nina Rodrigues, que era um dos cientistas mais reconhecidos no Brasil, naquela época, e estava fortemente influenciado pelo darwinismo social. Com a obra de Charles Darwin, *A origem das espécies*, em 1859, assumiu-se o modelo evolucionista, atribuindo-se "ao conceito de raça uma conotação bastante original, que escapa da biologia para adentrar questões de cunho político e cultural". (Schwarcz, 1993, p. 55).

Para esse autor, a superioridade de algumas raças era evidente e, por isso, defendia uma responsabilidade atenuada para as raças que entendia serem inferiores, entre elas os negros e os índios. Em relação aos mestiços, dizia "que tendem a voltar a qualquer das raças puras, quer a branca principalmente, quer mesmo a negra, como muito superiores aos verdadeiros mulatos, de primeiro ou segundo sangue (*sic*)." (Rodrigues, 1957, p. 145).

Defendia a existência de uma "criminalidade étnica, resultante da coexistência, numa mesma sociedade, de povos ou raças em fases diversas de evolução moral e jurídica, de sorte que aquilo que ainda não é imoral nem antijurídico para uns réus já deve sê-lo para outros" (Rodrigues, 1977, p. 273). Estava tão convicto da influência da raça na criminalidade que chegou a propor que cada região do país tivesse um Código Penal, considerando-se as raças que lá vivessem (Cf. Rodrigues, 1957, p. 196).

6. Constituição da República dos Estados Unidos do Brasil, de 16 de julho de 1934

O legislador constituinte manteve nesta Carta Magna o princípio da igualdade formal e acrescentou, de forma expressa, que não seria permitida a discriminação, conforme disposto no artigo 113, n. 1:

> "Todos são iguaes perante a lei. Não haverá privilégios, nem distincções, por motivo de nascimento, sexo, raça, profissões próprias ou dos paes, classe social, riqueza, crenças religiosas ou idéas politicas." (Campanhole, 1971, p. 420).

No entanto, a proibição de discriminações, reconhecida no texto legal, permaneceu de uma forma simbólica, pois em artigos que seguem, na própria Constituição, verifica-se o quanto era forte a teoria do embranquecimento, que significa "a capacidade da nação brasileira (...) para absorver e integrar mestiços e pretos. Tal capacidade requer implicitamente a concordância das pessoas de cor em renegar sua ancestralidade africana ou indígena." (Guimarães, 1995, p. 39).

Esta Constituição pode ser considerada "abertamente racista" pelo fato de no artigo 138 estar previsto como dever da União, dos Estados e das Municipalidades a promoção da educação eugênica,[7] que "envolve o controle e, em alguns casos, a eliminação de certos tipos biológicos a fim de se alcançar um ideal de homogeneidade física ou racial." (Eccles, 1991, p. 138).

Além do mais, algumas expressões utilizadas pelo legislador pretendiam atingir a população negra, que era marginalizada, como por exemplo *ordem pública* e *bons costumes*, sendo que "os costumes dos negros sempre foram considerados *maus costumes*..." (Silva, 1994, p. 122).

No entanto, o discurso oficial, nesta época, era de que no Brasil não existiam problemas de discriminação, especialmente a racial, e, por volta de 1930, a "democracia racial e miscigenação são duas bandeiras assumidas por todos." (Bertulio, 1989, p. 54).

Com efeito, "em 1933, com a obra de Gilberto Freyre (...) erige o mito da 'democracia racial'" (Neder, 1994, p. 48), cujo corolário implícito é a ausência de preconceitos e discriminações raciais.

Por outro lado, também a ideologia do embranquecimento e da miscigenação, "já presente na obra de Oliveira Vianna, era no fundo uma tentativa de preservar a discriminação contra eventuais efeitos colaterais da abolição. Representava a passagem do racismo de dominação ao racismo de exclusão" (Sodré, 1995, p. 6).

Estas teorias tiveram muita repercussão no Brasil e trouxeram inúmeras dificuldades para que o brasileiro refletisse e entendesse as formas como as discriminações ocorriam e ainda persistem diuturnamente. Com efeito,

> "a 'democracia racial' como parte da auto-imagem nacional (...) pode ser vista como um meio cultural

[7] A palavra eugenia "proviene de dos voces griegas: *eu*, que significa 'bueno', y *genesia*, derivada de *genes*, que ha dado nacimiento al verbo 'engendrar'. (...). Francisco Galton, que la creó, definióla así: 'El estudio de los agentes bajo control social que pueden mejorar o empobrecer las cualidades *raciales* de las futuras generaciones, ya fuere física o mentalmente'." (Asúa, 1992, p. 4).

dominante cujo principal efeito tem sido o de manter as diferenças inter-raciais inteiramente fora da arena política, como conflito apenas *latente*. O mito da 'democracia racial' é, na prática, sustentáculo de seu oposto." (Hasenbalg, 1988, p. 115).

7. Constituição dos Estados Unidos do Brasil, de 10 de novembro de 1937

Houve uma simplificação em relação à forma da redação do princípio da igualdade formal, dispondo o artigo 122, nº 1, que "todos são iguais perante a lei." (Campanhole, 1971, p. 319).

No entanto,

> "um amplo hiato entre o direito e os fatos, entre o enunciado legal e as situações concretas de discriminação e exclusão se mantém, contribuindo para diluir critérios universais de juízo destinados a solucionar os litígios e pendências nas relações intersubjetivas." (Adorno, 1995, p. 46).

Na vigência da Constituição de 1937, foi elaborada a Consolidação da Lei do Trabalho (Decreto-Lei nº 5.452, de 1º de maio de 1943), que em seu artigo 461 veda qualquer discriminação que tenha por base sexo, nacionalidade ou idade. Apesar disto, a mulher, até os dias de hoje, recebe menos salário que o homem, mesmo exercendo funções iguais às dele.

8. Código Penal de 1940

Através do Decreto-Lei nº 2.848, de 7 de dezembro de 1940, foi instituído um novo Código Penal brasileiro, que começou a vigorar em 1º de janeiro de 1942. Este diploma legal pouco contribuiu para combater de forma direta as discriminações e apenas repetiu, com uma melhor redação da que encontramos no Código Penal de 1890, as disposições sobre os crimes contra a honra (artigos 138 a 140) e crimes contra o sentimento religioso (artigo 208).

9. Constituição dos Estados Unidos do Brasil, de 18 de setembro de 1946

Reafirma-se o princípio da igualdade e, pela primeira vez, aparece na Carta Magna que não seria tolerada a propaganda de preconceitos à raça ou de classe, como disposto no artigo 141, §§ 1º e 5º, respectivamente:

> "Todos são iguais perante a lei.
> É livre a manifestação do pensamento, sem que dependa de censura, salvo quanto a espetáculos e diversões públicas, respondendo cada um, nos casos e na forma que a lei preceituar, pelos abusos que cometer. Não é permitido o anonimato. É assegurado o direito de resposta. A publicação de livros e periódicos não dependerá de licença do poder público. Não será, porém, tolerada propaganda de guerra, de processos violentos para subverter a ordem pública e social, ou de preconceitos de raça ou de classe." (Campanhole, 1971, p. 207 e 208).

Esta proibição de fazer qualquer propaganda que tratasse de preconceitos de raça ou de classe acabou fazendo com que os brasileiros não discutissem, por longo tempo, as formas de como as discriminações ocorriam cotidianamente, pois "não havia como tratar da questão da discriminação racial na sociedade brasileira sem receber a pecha de subversivo." (Silva, 1994, p. 124).

Depois de 1930, permanecemos por duas décadas acreditando, convictos, que entre os brasileiros não havia discriminações, especialmente a racial e, considerando o descrédito que se fazia presente em todo o mundo face ao racismo científico, "a alegada falta de discriminação racial fazia o Brasil moralmente superior aos países mais desenvolvidos tecnologicamente onde ainda se praticava a repressão sistemática das minorias raciais." (Skidmore, 1976, p. 228).

Talvez por esses fatos, somente em 1951 surgiu a primeira lei penal que transformou em contravenção a prática de atos resultantes de preconceitos de raça ou de cor.

Cabe ressaltar que, neste período, o Brasil assinou e ratificou "a Convenção sobre a Prevenção e Punição do Crime de Genocídio" (Brasil, 1996, p. 11) e subscreveu a Declaração Universal dos Direitos do Homem, firmada em Paris, em dezembro de1948, a qual dispõe em seu artigo II, 1, que:

> "Todo o homem tem capacidade para gozar os direitos e as liberdades estabelecidas nesta Declaração, sem distinção de qualquer espécie, seja de raça, cor, sexo, língua, opinião política ou de outra natureza, origem nacional ou social, riqueza, nascimento, ou qualquer outra condição." (Soares, 1990, p. 126).

10. Lei nº 1.390, de 3 de julho de 1951

Esta lei, que ficou conhecida como Lei Afonso Arinos por ser da autoria do Deputado Federal Afonso Arinos de Melo Franco, representante da União Democrática Nacional por Minas Gerais, levou para a área do Direito Penal a prática de atos resultantes de preconceitos de raça e cor. Gilberto Freyre também participou, de forma significativa, da elaboração dessa lei.

A Lei Afonso Arinos representou, para a época, uma grande conquista. Com efeito, na sua fundamentação, publicada no Diário do Congresso Nacional (Rio de Janeiro, 18, VII, 1950, p. 5.513), houve um reconhecimento oficial da existência de racismo no Brasil, começando a cair por terra o discurso da democracia racial, uma vez que constava o seguinte:

> "... *b)* a conduta burocrática estimula os particulares, fornecendo exemplos que precisam ser evitados: 'é sabido que certas carreiras civis, como o corpo diplomático, estão fechadas aos negros; que a Marinha e a Aeronáutica criam injustificáveis dificuldades ao ingresso de negros nos corpos oficiais e que outras restrições existem em vários setores da administração'; 'quando o Estado, por seus agentes, oferece tal exemplo de discriminação vedada pela Lei Magna, não é de se admirar que estabelecimentos comerciais proíbam a entrada de negros em seu recinto';" (Bastide, 1971, p. 256).

Apesar do reconhecimento, por parte dos órgãos públicos, da existência de racismo, na doutrina do direito penal havia uma resistência muito grande em admitir essa conduta largamente realizada pelos brasileiros. Alguns penalistas, ao comentarem a lei, aduziram que "não se justificava (...) o aparecimento de preconceitos de raça e de cor que *felizmente e praticamente não existe no Brasil,* onde somente começou a se esboçar com manifestações débeis e repelidas pelo espírito de igualdade do povo brasileiro..." (grifo nosso). (Leite, 1976, p. 471).

A motivação para a criação desta lei foi atribuída tanto a um caso envolvendo "Katherine Dunham, dançarina e antropóloga negra a quem foi recusada hospedagem num hotel de luxo de São Paulo no mês de julho de 1950" (Eccles, 1991, p. 141), como sendo "fruto da própria relação do Autor com os negros que trabalhavam na casa de seus pais em sua infância e foi criada pelo Deputado após o fato de terem barrado o motorista da família em uma confeitaria do Rio de Janeiro" (Trentin, 1994, p. 96).

A lei era limitada à raça e à cor, bem como a universos práticos, como, por exemplo, recusa de hospedagem, venda e atendimento em restaurantes e bares, entrada em estabelecimentos públicos, inscrição de aluno em estabelecimento de ensino e impedimento ao exercício de cargo ou emprego. Com isso, muitas condutas que eram discriminatórias tornavam-se atípicas.

Além do mais, a jurisprudência firmou-se no sentido de que deveria ficar provado "o especial motivo de agir".[8] Este fato somado à restrição dos casos previstos em lei, bem como à modificação da forma de agir por parte dos discriminadores, tornou praticamente ineficaz a Lei Afonso Arinos, ocorrendo pouquíssimas condenações[9] pela prática desta contravenção.

Em uma entrevista fornecida à Folha de São Paulo, em 8 de junho de 1980, o autor da lei, Afonso Arinos, reconheceu que a lei tinha eficácia precária, ressaltando

---

[8] A decisão que segue ilustra bem esta questão: "*Preconceito de raça ou de côr. Recusa de hospedagem. Só há contravenção se se demonstra o especial motivo de agir.* Na Ap. Crim. nº 113, a 1ª Câmara Criminal do T. de Alçada da Guanabara, relator o ilustre juiz RAUL DA CUNHA RIBEIRO, afirmou que a contravenção prevista no art. 2º da Lei nº 1.390, de 1951, só se configura quando se demonstra que a ação foi motivada por preconceito de raça ou de côr. Na hipótese entendeu a Câmara, e bem, que não ficara demonstrado que a recusa na hospedagem se tinha feito por motivo de raça ou de côr. Tudo não passava de uma convicção das testemunhas, fundadas em razões meramente subjetivas, que não passaram de simples presunção, insuficientes para condenar. Decisão unânime." (Revista de Direito Penal, Rio de Janeiro, Editor Borsoi, n. 3, jul./set. 1971, p. 78).

[9] Nas pesquisas jurisprudenciais realizadas nas Revistas Especializadas e nos Tribunais de São Paulo e Rio Grande do Sul encontramos um número muito reduzido de aplicações da Lei Afonso Arinos, sendo que destas a maioria das decisões eram absolutórias. Com efeito, uma dessas raras condenações consta na RT 474, de abril de 1975, p. 349 e 350, ap. n. 98.887, de SP, 10.12.74, trazendo o seguinte acórdão: "*DISCRIMINAÇÃO RACIAL - Pessoas de cor impedidas de participar de baile de clube, em que se cobravam ingressos - Condenação mantida - Aplicação da lei Afonso Arinos.* O preconceito de cor mereceu repulsa do legislador brasileiro, que o incrimina através da Lei Afonso Arinos, em consonância com a Declaração Universal dos Direitos Humanos e coerente com os princípios contidos em nossa Constituição."

que há acomodação das situações de racismo, ou seja, quando o agente racista comete a infração e é ameaçado com a lei, ele pede desculpas e tudo estaria solucionado, sendo que refere textualmente:

> "Ela (a lei) tem funcionado, mas não completamente. Ela tem eficácia mas não tem funcionamento formal, porque é muito raro, raríssimo, que ela provoque um processo que chegue à conclusão judicial. A lei funciona sempre na fase do inquérito policial (*sic*). (...) Isto mostra que a lei funciona, vamos dizer, à brasileira, através de uma conotação mais do tipo sociológico do que a rigor, jurídico. É falso dizer que ela seja ineficaz (*sic*)". (Arinos, 1980, p. 13).

A ineficácia da lei era maior porque existiam palavras no texto que dificultavam a aplicação aos casos concretos, como por exemplo a expressão "abertos ao público", constante no artigo 3º, que levava ao entendimento de que em locais fechados, privados, seria possível a prática de discriminação racial ou de cor.

Por outro lado, o artigo 6º trazia uma pena que mais se adaptava a ilícitos administrativos. (Cf. Leite, 1976, p. 476).

Considerando a ineficácia da lei e a discriminação civil cada vez mais visível na sociedade, começaram severas críticas no sentido de que "o principal mérito da lei foi descrever a forma como se dava a discriminação" (Silva, 1994, p. 128); que ela teria "conteúdo absolutamente elitista, na medida em que se refere a atos discriminatórios e preconceituosos ocorridos em locais públicos" (Bertulio, 1989, p. 60) e que "em seus nove artigos o legislador, usando as expressões 'recusar', 'negar', 'obstar', descreve as mesmas situações diversas vezes, tornando a lei excessivamente casuística, traindo profundamente sua natureza penal" (Nascimento, 1983, p. 91).

A comunidade negra do Brasil, que já estava organizada naquela época, também começou a denunciar os sérios defeitos que a lei continha:

> "em primeiro lugar, argumentavam, o governo deveria ter complementado a lei com uma assistência econômica direta aos negros; em segundo, a lei só poderia produzir pequenos resultados, forçando a discriminação a se tornar mais sutil e disfarçada; em terceiro, a lei não seria cumprida porque era impossível acreditar que brancos apresentariam acusações criminais ou usariam a polícia contra outros brancos em casos desse tipos; e em quarto lugar, os pequenos benefícios trazidos pela lei só atingiriam a pequena minoria de negros ou mestiços com mobilidade social ou de classe média, que menos necessitava de ajuda." (Eccles, 1991, p. 141).

O fato de ter a prática de preconceito de raça e de cor ingressado no Direito Penal como contravenção e, por isso, ser apenada de forma muito modesta, em vista da gravidade e do transtorno social que causa esta maneira de agir, pois prejudica de modo imediato o discriminado, mas de forma mediata toda uma sociedade, que se vê abortada de muitos talentos, também levou a descontentamentos por parte de seguimentos da sociedade que lutavam contra o racismo.

Entre outras coisas, pleiteava-se que o racismo fosse mais gravemente apenado e transformado em crime, por ser "evidente que a discriminação racial não é um 'delito-anão'". (Jesus, 1980, p. 237).

No entanto, mesmo com a pressão de uma parcela significativa da sociedade, até chegarmos à Constituição Federal de 1988, poucas alterações ocorreram e, assim mesmo, apenas em leis extravagantes.

Vale salientar que Plínio Barreto, em parecer sobre esta lei, sustentava que o projeto deveria ser acolhido, porque algumas manifestações do preconceito de cor seriam evitadas. Mas, antecipando as dificuldades de aplicação da mesma, já advertia que "nunca houve lei alguma que pudesse desarraigar sentimentos profundos e trocar a mentalidade de um povo". (Bastide, 1971, p. 257, retirado do *O Estado de São Paulo*, São Paulo, 8-VIII, 1950).

11. Lei nº 2.889, de 1º de outubro de 1956

Esta lei define o crime de genocídio e, pelo artigo 1º, determina que deve ser punido quem, com a intenção de destruir, no todo ou em parte, grupo nacional, étnico, racial ou religioso, praticar qualquer das seguintes condutas: matar membros de um grupo, causar lesão grave à integridade física ou mental de membros do grupo, submeter intencionalmente o grupo a condições de existência capazes de ocasionar-lhes a destruição física total ou parcial, adotar medidas destinadas a impedir os nascimentos no seio do grupo e efetuar a transferência forçada de crianças do grupo para outro.

A incitação para o cometimento de genocídio também é punida, aumentando-se a pena quando realizada pela imprensa e havendo uma agravante quando o crime for praticado por governante ou funcionário público.

Com esta lei, alguns tipos de discriminações, de forma indireta, são reconhecidos como crime, sendo que "o bem jurídico tutelado no crime de genocídio reside em ideais humanitários: o entendimento de que todos os povos e grupo de pessoas, não obstante suas diferenças, têm pretensão ao reconhecimento de sua dignidade humana e existência." (Fragoso, 1973, p. 32).

12. Decretos-leis e Leis extravagantes do período de 1960 a 1965

Durante o período de 1960 a 1965, foram promulgadas várias leis que traziam em seu texto referência à matéria de discriminação. Em 1963, o Brasil dava "seu apoio às Declarações das *Nações* Unidas sobre a Eliminação de todas as Formas de Discriminação Racial, proclamada pela XVIII Sessão da Assembléia Geral das Nações Unidas" (Brasil, 1996, p. 11).

Algumas dessas leis criminalizavam condutas. Por serem consideradas mais importantes, pois tratavam de questões relevantes para a época, citaremos as seguintes:

12.1. Lei nº 4.117, de 27 de agosto de 1962

Instituiu o Código Brasileiro de Telecomunicações e, no artigo 53, letra *e*, considerou como abuso, no exercício da liberdade da radiodifusão, o emprego desse meio de comunicação para promover campanha discriminatória de classe, cor, raça ou religião.

No entanto, o parágrafo único desse mesmo artigo, em uma redação dada pelo Decreto-Lei nº 236, de 28.02.67, praticamente tornou inócua a previsão anterior, ao estipular que "se a divulgação das notícias falsas houver resultado de erro de informação e for objeto de desmentido imediato, a nenhuma penalidade ficará sujeita a concessionária ou permissionária".

12.2. Decreto Legislativo nº 104, de 1964

Por este Decreto Legislativo, o governo brasileiro ratificou a Convenção 111 da Organização Internacional do Trabalho, que trata da discriminação no trabalho, comprometendo-se a enviar relatórios anuais sobre a aplicação dessa norma no Brasil.

Neste diploma legal consta uma definição muito precisa do que deve ser considerado discriminação, ou seja, estaria proibida "toda distinção, exclusão ou preferência, com base em raça, cor, sexo, religião, opinião política, nacionalidade ou origem social, que tenha o efeito de anular a igualdade de oportunidade ou de tratamento em emprego ou profissão" (Silva Jr., 1996, p. 225).

12.3. Lei nº 4.898, de 9 de dezembro de 1965

Esta lei regula o direito de representação e o processo de responsabilidade administrativa civil e penal, nos casos de abuso de autoridade, definindo, em seu artigo 3º, letras *d* e *f*, como abuso de autoridade qualquer atentado contra a liberdade de consciência e de crença, bem como ao livre exercício do culto religioso.

13. Constituição do Brasil, de 24 de janeiro de 1967

A Carta Magna de 1967 manteve entre os direitos e garantias fundamentais do ser humano a igualdade entre todos, nos seguintes termos:

> "Artigo 150, § 1º - Todos são iguais perante a lei, sem distinção de sexo, raça, trabalho, credo religioso e convicções políticas. O preconceito de raça será punido pela lei". § 8º - "É livre a manifestação de pensamento, de convicção política ou filosófica e a prestação de informação sem sujeição a censura, salvo quanto a espetáculos e diversões públicas, respondendo cada um, nos têrmos da lei, pelos abusos que cometer. É assegurado o direito de resposta. A publicação de livros, jornais e periódicos independente de licença da autoridade. Não será, porém, tolerada a propaganda de guerra, de subversão da ordem ou de preconceitos de raça ou de classe." (Campanhole, 1971, p. 126).

Observa-se que apesar de constar, pela primeira vez, em uma Constituição brasileira que a lei *punirá* o preconceito de raça, tínhamos unicamente em vigor a Lei Afonso Arinos e artigos esparsos, em leis extravagantes, como vimos anteriormente.

Os casos que chegavam aos Tribunais de todo o País eram em número muito reduzido, fazendo com que a legislação sobre esta matéria fosse praticamente simbólica. Além do mais, existia uma dificuldade de reconhecimento das discriminações disseminadas no País, tanto pela sociedade em geral como pelos juristas que trabalhavam em todas as áreas do Direito.

Cabe ressaltar que, especificamente no Direito Penal, ainda era grande a influência deixada por Nina Rodrigues e Euclides da Cunha, no sentido de que os pretos e pardos tinham uma "propensão biológica para o crime" (Ribeiro, 1995a, p. 143), apesar de Nelson Hungria, desde longa data, fazer a advertência de que era preciso abandonar de "uma vez por tôdas, a idéia de que a criminalidade dos homens de côr tenha um fundo racial" (Hungria, 1956, p. 293).

14. Lei nº 5.250, de 9 de fevereiro de 1967

Surgiam, ano após ano, leis extravagantes, prevendo tipos penais para condutas discriminatórias não contidas no texto da Lei Afonso Arinos, procurando, através da via do Direito Penal, melhorar a efetividade do combate à discriminação que era cada vez mais forte em todo o Brasil.

Por outro lado, o governo brasileiro demonstrava, em manifestação internacional, que estava preocupado com questões que tratassem de discriminação, tanto que, em 1967, apoiou a "Eliminação da Discriminação Contra a Mulher, proclamada pela XXII Sessão da Assembléia Geral das Nações Unidas" (Brasil, 1996, p. 11).

Neste contexto, é promulgada a Lei de Imprensa, que regula a liberdade de manifestação do pensamento e de informação e, no artigo 14 do Capítulo III, que trata dos abusos no exercício destes direitos, veda a difusão, por qualquer meio, de preconceitos de raça ou classe, prevendo uma pena de um a quatro anos de detenção, em caso de descumprimento.

15. Constituição da República Federativa do Brasil, de 17 de outubro de 1969

Pela Emenda Constitucional nº 1/69 foi instituída, basicamente, uma nova Constituição no Brasil, sendo mantida a igualdade entre os cidadãos e reafirmado que haveria punição para quem praticasse preconceito de raça, de acordo com o artigo 153, §§ 1º e 8º.[10]

A modificação que cabe ressaltar sobre este assunto, em relação ao texto da Constituição de 1967, é que foi incluído que não se toleraria a propaganda de preconceitos de religião, acrescentando-se, também, que não seria possível a realização de publicações e exteriorizações contrárias à moral e aos bons costumes.

A igualdade de todos perante a lei, a isonomia formal, que era afirmada nas sucessivas constituições republicanas, paradoxalmente, não trazia qualquer contribuição para a modificação do quadro de discriminações existente na sociedade brasileira e, por outro lado,

> "constituía uma pedra de toque para afirmar o mito da igualdade entre brasileiros de todas as raças. Assim, a discriminação racial sendo tornada algo desprezível pelas mitologias raciais brasileiras passa a ser considerada como algo que é praticado no Brasil individualmente e não pela sociedade - passa a ser vista como uma idiossincrasia" (Blajberg, 1996b, p. 37).

[10] O texto integral do artigo 153, § 1º da CF é o seguinte: "Todos são iguais perante a lei, sem distinção de sexo, raça, trabalho, credo religioso e convicções políticas. Será punido pela lei o preconceito de raça." e § 8º - "É livre a manifestação de pensamento, de convicção política ou filosófica, bem como a prestação de informação independentemente de censura, salvo quanto a diversões e espetáculos públicos, respondendo cada um, nos têrmos da lei, pelos abusos que cometer. É assegurado o direito de resposta. A publicação de livros, jornais e periódicos não depende de licença da autoridade. Não serão, porém, toleradas a propaganda de guerra, de subversão da ordem ou de preconceitos de religião, de raça ou de classe, e as publicações e exteriorizações contrárias à moral e aos bons costumes." (Campanhole, 1971, p. 60 e 61).

16. Código Penal de 1969

Os Ministros da Marinha de Guerra, do Exército e da Aeronáutica Militar, usando das atribuições conferidas pelo artigo 3º do Ato Institucional nº 16, de 14 de outubro de 1969, combinado com o § 1º do artigo 2º do Ato Institucional nº 5, de 13 de dezembro de 1968, decretaram, em 21 de outubro de 1969, um novo Código Penal, que nunca chegou a entrar em vigor no País, mas, pela importância histórica, cabe ser analisado em relação ao trato da matéria de discriminação.

A diferença relevante, sobre esta questão, entre este Código Penal e a parte especial do Código Penal de 1940, que ainda está em vigor com algumas alterações realizadas por leis especiais, é que foi introduzido no Título I, que trata dos crimes contra a pessoa, um Capítulo II prevendo, no artigo 130,[11] o crime de genocídio, sendo que foi mantida, com algumas modificações em relação às penas, a mesma disposição já constante na Lei nº 2.889, de 1º/10/56, à qual se faz referência no item 11 deste livro.

No mesmo dia 21 de outubro de 1969, através do Decreto-Lei nº 1.001, foi instituído o Código Penal Militar, que, no Título IV (Dos crimes contra a pessoa), Capítulo II, artigo 208, prevê o crime do genocídio, tendo a mesma redação do Código Penal de 1969.

17. Decreto nº 65.810, de 8 de dezembro de 1969

Por este instrumento legal, houve determinação expressa para que fosse executada e cumprida a Con-

[11] O artigo 130 dispõe que seria crime de genocídio "matar membros de um grupo nacional, étnico, religioso ou pertencente a determinada raça, com o fim de destruição total ou parcial desse grupo: Pena - reclusão, de quinze a trinta anos" (Pierangelli, 1980, p. 629), sendo que no §1º prevê quais os casos que seriam considerados assimilados.

venção Internacional sobre a Eliminação de todas as Formas de Discriminação Racial, a qual foi ratificada pelo Brasil em 27 de março de 1968 e entrou em vigor em 04 de janeiro de 1969.

Entre os instrumentos internacionais no combate à discriminação, este tem sido considerado "o mais importante" (Eccles, 1991, p. 147), estando previsto que um dos propósitos das Nações Unidas "é promover e encorajar o respeito universal e observância dos direitos humanos e liberdades fundamentais para todos, sem discriminação de raça, sexo, idioma ou religião" (LEX - Coletânea de Legislação Federal, São Paulo, v. XXXIII, p. 2546, nov./dez. 1969).

Os Estados que subscrevem esta Convenção Internacional devem remeter, a cada dois anos, um relatório sobre as medidas legislativas, judiciárias, administrativas ou outras que tomarem, para tornarem efetivas as disposições contidas neste diploma legal, conforme dispõe o artigo 9º.

Da mesma forma,

> "o artigo 3º exige que os Estados Participantes condenem o *apartheid* e a segregação racial; o artigo 4º proíbe a propaganda baseada em teorias de superioridade racial; e o artigo 7º obriga à adoção de medidas no ensino, na educação, na cultura e na informação 'com vistas a combater preconceitos que levem à discriminação racial'." (Eccles, 1991, p. 161).

Assim, há um controle de como cada nação trata a questão da discriminação, pois, atualmente, sabe-se que este problema tem reflexos em todo o mundo, ultrapassando as fronteiras dos países, tanto que no Código Internacional Penal, proposto por M. Cherif Bassiouni (1984, p. 127 a 133), estão previstas diversas condutas discriminatórias que deveriam ser consideradas crimes internacionais.

No entanto, este controle da aplicação dos ditames da Convenção em todos os países-membros não é fácil, sendo que entre as inúmeras dificuldades, é ressaltada por um dos membros do comitê das Nações Unidas para a eliminação da discriminação racial, Regis de Gouttes (1991, p. 546), a seguinte: "les insuffisances et défaillances dans le système de présentation des rapports".

18. Lei nº 6.001, de 19 de dezembro de 1973

Dispõe sobre o Estatuto do Índio e no Capítulo II, do Título VI, que trata das normas penais, estão previstos dois artigos que trazem as condutas que constituem crimes contra os índios e a cultura indígena.[12]

Desta forma, o legislador ordinário dá um passo importante para que se evite a discriminação do povo indígena brasileiro, uma vez que entre os fatores responsáveis pelo seu extermínio "sobrelevam, no nível biótico, os efeitos das moléstias introduzidas pelo europeu e, no nível social, as condições de opressão a que foi submetido" (Ribeiro, 1995b, p. 230).

As terras dos índios são constantemente invadidas, acarretando a morte dessas comunidades que não têm espaço físico para desenvolverem as suas culturas.

---

[12] Os artigos do Capítulo II, que trazem os crimes contra os índios, têm a seguinte redação: "Art. 58. Constituem crimes contra os índios e a cultura indígena: I - escarnecer de cerimônia, rito, uso, costume ou tradição culturais indígenas, vilipendiá-los ou perturbar, de qualquer modo, a sua prática. *Pena* - detenção de 1 (um) a 3 (três) meses; II - utilizar o índio ou comunidade indígena como objeto de propaganda turística ou de exibição para fins lucrativos. *Pena* - detenção de dois a seis meses; III - propiciar, por qualquer meio, a aquisição, o uso e a disseminação de bebidas alcoólicas, nos grupos tribais ou entre índios não integrados. *Pena* - detenção de seis meses a dois anos. Parágrafo único - As penas estatuídas neste artigo são agravadas de um terço, quando o crime for praticado por funcionário ou empregado do órgão de assistência ao índio. Art. 59 - No caso de crime contra a pessoa, o patrimônio ou os costumes, em que o ofendido seja índio não integrado ou comunidade indígena, a pena será agravada de um terço." (Franco, 1995, p. 1525)

A usurpação de suas terras e riquezas ocorre desde a chegada dos primeiros europeus e já "custou a extinção de centenas de povos, a morte de 95% da população indígena e a redução de 89% do território que antes habitavam" (Conselho Indigenista missionário, 1994, p. 23).

Além do mais, após a invasão de seu território, "segue-se a 'integração', a 'nacionalização' e a 'civilização' compulsórias, ou seja, o etnocídio dos sobreviventes" (Leonel Jr., 1988, p. 270).

Os estudos mais avançados no campo da Antropologia e Sociologia acumulam sólidos conhecimentos no sentido de que nada "autoriza a afirmar que os povos indígenas possam ser considerados inferiores, tanto biológica como culturalmente" (Halfpap, 1979, p. 118).

No entanto, sistematicamente, cometemos o erro "de considerar as outras culturas como inferiores à nossa, simplesmente porque são diferentes" (Klineberg, 1972, p. 230).

Neste aspecto, é extremamente elucidativa a manifestação feita pelos índios em uma Assembléia Nacional das comunidades indígenas ocorrida em 19.04.77, no Rio Grande do Sul: "Acaso estamos pedindo emancipação e integração na sociedade dos brancos? Não, nós queremos apenas reconhecimento e respeito a nossa integridade física e cultural" (Halfpap, 1979, p. 123).

19. Lei nº 7.170, de 14 de dezembro de 1983

Esta lei expressamente revogou a Lei nº 6.620, de 17 de dezembro de 1978, e definiu os crimes contra a segurança nacional, a ordem política e social.

No artigo 22, inciso II, o legislador considerou crime, punido com pena de detenção de um a quatro anos, fazer, em público, propaganda de discriminação racial, de luta pela violência entre as classes sociais e de perseguição religiosa.

As sucessivas leis de segurança nacional efetivamente pouca contribuição trouxeram, para solucionar os litígios que envolvessem discriminação, pois eram utilizadas com uma forte conotação política, servindo, inclusive, de empecilho para as comunidades de discriminados que procuravam se organizar para uma luta mais sistemática, como o caso dos movimentos de negros no Brasil.

20. Lei nº 7.437, de 20 de dezembro de 1985

Não obstante as críticas feitas à legislação antidiscriminatória existente, somente em 1985 surge uma outra lei que amplia as formas de discriminações previstas, incluindo as resultantes de preconceito de estado civil e sexo, dando, assim, nova redação a Lei Afonso Arinos. Esta alteração não foi muito significativa, uma vez que manteve a discriminação como contravenção penal e basicamente permaneceram os mesmos tipos legais, incluindo-se apenas uma modalidade nova no artigo 6º[13] e uma modificação gerencial com o ajuste econômico do valor da multa em todos os artigos. A lei permaneceu, portanto, casuística, não sendo utilizada "uma fórmula genérica que pudesse abranger todas as modalidades de discriminação" (Sznick, 1987b, p. 12).

No cotidiano, as discriminações "ocorrem de formas sutis e veladas, como as alegações de 'falta de vagas', em empregos, restaurantes e hotéis de luxo"

[13] "Artigo 6º - Recusar a entrada de alguém em qualquer tipo de estabelecimento comercial ou de prestação de serviço, por preconceito de raça, de cor, de sexo ou de estado civil: - Pena: prisão simples, de 15 (quinze) dias a 3 (três) meses, e multa de 1 (uma) a 3 (três) vezes o Maior Valor de Referência - MVR." (LEX - Coletânea de Legislação Federal, São Paulo, v. XLIX, 4. trimestre de 1985, p. 1070).

(Sznick, 1987a, p. 55). Em face disto, a nova lei não veio ao encontro do anseio da camada da sociedade que lutava pela inclusão do racismo como crime e para que a lei criminal tivesse mais eficácia.

Nesta época, a discriminação como conduta generalizada na sociedade já começava, de forma ainda muito branda, a ser reconhecida pelos brasileiros. É comum esta dificuldade que as pessoas têm de admitir e visualizar as formas como a discriminação ocorre diariamente, porque "por maior que seja a consciência que os indivíduos tenham de si e seu tempo, ela será sempre relativa" (Goldmann *apud* Malerba, 1994, p. 17). Este fato explica por que estudiosos de outros países conseguiram vislumbrar melhor a realidade brasileira na questão da discriminação. Um deles foi Roger Bastide, que fez escola entre os sociólogos da USP, sendo um de seus discípulos o atual Presidente da República, Fernando Henrique Cardoso, e "seus antigos alunos são unânimes em afirmar que foi pelas mãos do mestre francês que conheceram o Brasil e a cultura afro-brasileira" (Peixoto, 1995, p. 5).

Cabe ressaltar, também, que a indignação moral contra a desigualdade é muito mais difícil de ser gerada no Brasil "onde a discriminação assenta-se sobre formas silenciosas e, às vezes, inconsistentes, tornando difícil identificá-la e transformá-la em ação política" (Andrews, 1985, p. 55).

Por esse levantamento histórico, verificamos que, até a vigência dessa lei, o legislador ordinário não pretendeu de forma efetiva enfrentar a questão da discriminação, sendo que o quadro político e social modifica-se totalmente com a promulgação da Constituição da República Federativa do Brasil de 1988, a cujas questões nos dedicamos, especificamente, no capítulo seguinte.

Capítulo II

A nova concepção da discriminação e as modificações na legislação penal

No capítulo anterior, apresentamos um rápido quadro histórico das legislações que trataram do tema da discriminação até antes da promulgação da Constituição Federal de 1988 e, também, procuramos demonstrar o comportamento do povo brasileiro, em relação a esta matéria, no mesmo período.

Agora verificaremos quais as mudanças que ocorreram na sociedade e os motivos que as determinaram, bem como os reflexos ocasionados na legislação penal.

21. A moderna visão da sociedade brasileira sobre a discriminação

Os trabalhos de sociólogos brasileiros como Otávio Ianni, Maria Isaura P. de Queiroz e Fernando Henrique Cardoso, que denunciavam a "contradição insuportável entre o mito da democracia racial e a discriminação efetiva, dirigida contra negros e mulatos" (Ianni, 1972, p. 213), bem como o preconceito contra índios, caboclos, poloneses, italianos, etc., começaram a ficar conhecidos de uma parcela significativa da sociedade brasileira, por volta de 1970.

Com isto, os intelectuais brasileiros e latino-americanos, em geral, iniciaram a luta "contra o seu próprio racismo (e não o do vizinho), aquele que se reproduz e cresce com a sua anuência" (Guimarães, 1995, p. 44), pois era mais fácil identificar as discriminações, especialmente as raciais, que ocorriam nos Estados Unidos e na África do Sul do que as realizadas pelos próprios brasileiros, considerando-se que "a brutalidade e a crueza do racismo norte-americano provaram ser sua maior fraqueza, então, ao inverso, a flexibilidade e a sutileza do racismo brasileiro provaram ser a sua maior força" (Andrews, 1985, p. 55).

Em face desta equivocada forma de comparar duas realidades tão diferentes e porque os brasileiros estão imbuídos da "tão proclamada, como falsa, 'democracia racial', raramente percebem os profundos abismos que aqui separam os estratos sociais" (Ribeiro, 1995b, p. 24).

Desta forma, acreditamos que vivemos em um paraíso, que todos temos as mesmas condições para conquistar o sucesso nas diversas áreas de nossas vidas, independente da raça, idade, sexo, etc., e, assim, escapanos "a nossa propria forma de preconceito" (Leite, 1950, p. 207) e as nossas visões racistas, que cada vez mais "possuem um caráter incógnito, encarnando-se em sistemas de poder social, político e econômico, ocultandose atrás de suaves fachadas burocráticas" (Davies, 1982, p. 25).

Além do mais, durante muito tempo foi forte a crença de que "sendo o Brasil Colonial etnicamente formado por portugueses, índios e negros e, tendo havido grande miscigenação, seria muito difícil surgir no país clima para preconceito de raça ou de cor" (Marques, 1976, p. 181).

Apesar disso, uma parcela da sociedade sensibilizou-se com o assunto e começou a repudiar todas as formas de discriminações existentes. Muitos movimentos populares forneceram subsídios importantes para o reconhecimento dos distúrbios que a prática discriminatória causava no meio social, entre eles os das mulheres, dos negros e dos intelectuais, os quais iniciaram as reivindicações para que todas as desigualdades materiais injustas não fossem admitidas.

Algumas formas de discriminações ficaram mais visíveis e tiveram um repúdio mais veemente, como as discriminações de gênero e racial, sendo que a luta contra o racismo tomou conotações mundiais e foi reconhecida na maioria dos países como um problema atual e sério, podendo-se observar isto nas palavras de Luigi Manconi e Laura Baldo (1993, p. 29): "A partire dal 1991 e nel corso degli anni successivi, sempre più è apparso evidente che *il razzismo è questione europea*".

No Brasil, muitas vozes ainda ecoam para "que o racismo seja combatido em nome da vida, dos princípios humanitários e democráticos e em nome da legitimidade do estado de direito" (Teodoro, 1996, p. 111).

A ciência contribuiu, durante longo tempo, com a ratificação da ideologia do racismo através de teorias raciais que reforçavam os preconceitos e afirmavam que algumas raças eram superiores a outras. Como já observamos anteriormente, isto representou para o Direito Penal um entrave grande, pois alguns escritores brasileiros foram influenciados por estas teorias raciais européias, como Nina Rodrigues, que chegou, inclusive, a sustentar "numa de suas obras que os negros, índios e mestiços, considerados inferiores e incapazes, não poderiam merecer do Código Penal o mesmo tratamento dispensado às raças superiores e brancas" (Halfpap, 1979, p. 119).

O desenvolvimento de pesquisas, em várias áreas do conhecimento humano, resultou em descobertas científicas que "destruíram em grande parte a eficiência do mito puro e simples no seio das massas, o racismo contemporâneo vê-se forçado a adotar uma dissimulação científica" (Comas, 1970, p. 53), sobrevivendo "apenas como aberração de pensamento junto a grupos anacrônicos ou a pseudo-cientistas" (Sodré, 1995, p. 6).

No entanto, quase no século XXI ainda verificamos tentativas de reforçar o sentimento de superioridade de um povo em relação a outro, apenas por diferenças da cor da pele. No livro *A curva do sino,* isto fica evidente, pois seus autores, utilizando testes para medir o QI, sem explicarem precisamente o que entendem por inteligência, conceito nada pacífico na ciência, concluem que, "em média, os asiáticos e brancos têm QI superior aos negros e que isso se deve a fatores genéticos, pois as diferenças se mantêm mesmo em condições de igualdade socioeconômica" (Frota-Pessoa, 1994, p. 3).

Este livro tem uma forte conotação política, porque os autores, de forma velada, justificam um controle sobre a natalidade das pessoas negras e que não se deveria gastar tantas verbas governamentais com a afirmação de um povo que é "comprovadamente de baixo QI". Estas pseudoconclusões científicas somente confirmam que os "antagonismos raciais devem ser compreendidos em seu contexto histórico e social; não têm base biológica. A afirmação de que êles são o resultado inevitável de diferenças entre os grupos serve apenas para ocultar suas verdadeiras causas" (Klineberg, 1966, p. 313).

Com efeito, ainda que se concordasse que as diferenças de raças poderiam ser comprovadas pela ciência, "la valoración de esas desigualdades es un problema muy difícil" (Hrdlicka, 1953, p. 174).

Salienta-se que a tomada de consciência da gravidade dos problemas causados pelas inúmeras formas de discriminação não foi rápida e, ainda hoje, muitas pessoas têm dificuldades de aceitar que condutas discriminatórias não são exceções ou atos isolados de alguns brasileiros.

Apesar dessa lenta caminhada, houve uma determinação dos grupos organizados que lutavam contra a discriminação, para que a prática do racismo fosse criminalizada e que o governo brasileiro tivesse um posicionamento mais enérgico contra as desigualdades injustas, sendo que examinaremos, no item que segue, o resultado legislativo que foi obtido.

22. A questão da discriminação na Constituição da República Federativa do Brasil, de 05 de outubro de 1988

Iniciados os trabalhos para a promulgação de uma nova Carta Magna no País, já começaram os debates entre as organizações populares e os parlamentares constituintes, a fim de que fossem garantidas várias conquistas no combate à discriminação.

Inúmeras listas de adesões de brasileiros de diversas regiões do País foram entregues no Congresso Nacional, para que se reconhecessem direitos às pessoas que sofriam discriminações de toda ordem no Brasil.

Desta pressão popular resultaram muitos avanços, e princípios importantes foram expressamente gravados na Constituição Federal de 1988, mas também alguns retrocessos, os quais frisaremos no decorrer deste capítulo.

22.1. O tratamento dado ao tema da igualdade

A leitura atenta dos artigos da Constituição Federal de 1988 já evidencia a força marcante com que a igualdade surge neste período da história do Brasil.

Modifica-se a concepção do Estado, que ultrapassa a figura de Estado Imperativo, Coator, passando a Estado Interventor, Organizador, Previdenciário, etc., ou seja, não é mais apenas império, mas é também fomentador e providência.

Impõe-se o Estado Social que não se reduz à concepção de Estado de Direito, típica do século XIX, uma vez que são ampliadas as suas funções, passando a ser também planejador, organizador, previdenciário, empresário, etc. Com a nova face do Estado do século XX, vai haver também uma mudança na forma de conceber-se a igualdade, uma vez que:

> "a tendência do constitucionalismo contemporâneo é no sentido de não mais limitar-se à enunciação de um postulado formal e abstrato de isonomia jurídica, mas sim de fixar na Constituição medidas concretas e objetivas tendentes à aproximação social, política e econômica entre os juridicionados do Estado, ou, então, de exigir, mediante coordenadas e indicativos precisos, que o legislador ordinário adote tais medidas" (Carlos Roberto de Siqueira Castro *apud* Bianchini, 1996, p. 218).

A igualdade formal está presente nos textos constitucionais do Brasil, desde as primeiras Cartas Magnas, como já analisamos no Capítulo I. No entanto, na Constituição Federal de 1988, há uma visibilidade maior da igualdade material, pois "de todos os direitos fundamentais a igualdade é aquele que mais tem subido de importância no Direito Constitucional de nossos dias, sendo, como não poderia deixar de ser, o direito-chave, o direito guardião do Estado social" (Bonavides, 1997, p. 341).

Em face disto, surge um novo discurso legislativo, acerca do princípio da igualdade, que passa a ser um dos pilares do Estado de democracia social: "princípio da igualdade de oportunidades, ou de *chances*, ou de pontos de partida" (Bobbio, 1996, p. 30), sendo que, enfim, o Estado passa a ser produtor de igualdade fática, estando obrigado, "se for o caso, a prestações positivas; a prover meios, se necessário, para concretizar comandos normativos de isonomia" (Bonavides, 1997, p. 343).

A importância atribuída aos temas da igualdade e, conseqüentemente, do combate à discriminação é percebida com bastante limpidez pelos constituintes que incluem, no Preâmbulo da Constituição Federal de 1988, como uma das metas do Estado Democrático, assegurar uma sociedade pluralista e sem preconceitos, sendo que marcas destas finalidades são encontradas em vários artigos inseridos na Lei Maior, entre eles: Artigos 1º, inciso III; 3º, incisos III e IV; 4º, inciso VIII; 5º, incisos XLI e XLII, §§ 1º e 2º; 19, incisos I e III; 60, § 4º, inciso IV; 215 §§ 1º e 2º; 216 incisos I, II, III , IV, V e § 5º; 242, § 1º e artigo 68 das disposições transitórias.[14]

---

[14] Pela relevância de tais artigos reproduziremos a redação dos mesmos: "Art. 1º. A República Federativa do Brasil, formada pela união indissolúvel dos Estados e Municípios e do Distrito Federal, constitui-se em Estado Democrático de Direito e tem como fundamentos: III - a dignidade da pessoa humana; art. 3º. Constituem objetivos fundamentais da República Federativa do Brasil: III - erradicar a pobreza e a marginalização e reduzir as desigualdades sociais e regionais; e IV - promover o bem de todos, sem preconceitos de origem, raça, sexo, cor, idade e quaisquer outras formas de discriminação; art. 4º. A República Federativa do Brasil rege-se nas suas relações internacionais pelos seguintes princípios: VIII - repúdio ao terrorismo e ao racismo; art. 5º. Todos são iguais perante a lei, sem distinção de qualquer natureza, garantindo-se aos brasileiros e aos estrangeiros residentes no País a inviolabilidade do direito à vida, à liberdade, à igualdade, à segurança e à propriedade, nos termos seguintes: *XLI - a lei punirá qualquer discriminação atentatória dos direitos e liberdades fundamentais; XLII - a prática do racismo constitui crime inafiançável e imprescritível, sujeito à pena de reclusão, nos termos da lei* (grifo nosso); § 1º. As normas definidoras dos direitos e garantias fundamentais têm aplicação imediata e § 2º. Os direitos e garantias expressos nesta Constituição não excluem outros decorrentes do regime e dos princípios por ela adotados, ou dos tratados internacionais em que a República Federativa do Brasil seja parte; art. 19. É vedado à União, aos Estados, ao Distrito Federal e aos Municípios: I - estabelecer cultos religiosos ou igrejas, subvencioná-los, embaraçar-lhes o funcionamento ou manter com eles ou seus representantes relações de dependência ou aliança, ressalvada, na forma da lei, a colaboração de interesse público; III - criar distinções entre brasileiros ou preferências entre si; art. 60, § 4º - Não será objeto de deliberação a proposta de emenda tendente a abolir: IV - os direitos e garantias individuais; art. 215. O Estado garantirá a todos o pleno exercício dos direitos culturais e acesso às fontes da cultura nacional, e apoiará e incentivará a valorização e a difusão das manifestações culturais. § 1º. O Estado protegerá as manifestações das culturas populares, indígenas e afro-brasileiras, e das de outros grupos participantes do processo civilizatório nacional. § 2º. A lei disporá sobre a fixação de datas comemorativas de alta significação para os diferentes segmentos étnicos nacionais; art. 216. Constituem patrimônio cultural brasileiro os bens de natureza material e imaterial, tomados individualmente ou em conjunto, portadores de referência à identidade, à ação, à

De todos estes artigos, considerando-se o direcionamento do presente trabalho e os reflexos ocasionados diretamente no Direito Penal, prosseguiremos os estudos apenas em relação aos incisos XLI e XLII do artigo 5º da Constituição Federal de 1988.

22.2. *A criminalização da prática do racismo*

A prática do racismo foi considerada crime pelo legislador constituinte, e este preceito normativo, incluído entre as cláusulas pétreas da Constituição Federal de 1988 - artigo 5º, inciso XLII.

Logo após a promulgação da Carta Magna, levantaram-se dúvidas quanto à inconstitucionalidade da Lei nº 7.437, de 20.12.85, constante no Capítulo I, item 20 deste trabalho, que ainda considerava a discriminação racial uma contravenção penal. Podemos classificar em duas correntes as posições surgidas:

a) os que defendiam a recepção da Lei nº 7.437, de 20.12.85, pela Constituição - o argumento utilizado consistia no seguinte: apesar de esta lei tratar de contravenções penais e não de crimes, a única forma de não tornar impuníveis as condutas discriminatórias ocorridas no período em que não fosse promulgada outra lei ordinária, que dispusesse sobre a matéria em consonância com

---

memória dos diferentes grupos formadores da sociedade brasileira, nos quais se incluem: I - as formas de expressão; II - os modos de criar, fazer e viver; III - as criações científicas, artísticas e tecnológicas; IV - as obras, objetos, documentos, edificações e demais espaços destinados às manifestações artístico-culturais; V - os conjuntos urbanos e sítios de valor histórico, paisagístico, artístico, arqueológico, paleontológico, ecológico e científico e § 5º - Ficam tombados todos os documentos e os sítios detentores de reminiscências históricas dos antigos quilombos; art. 242, § 1º. O ensino da História do Brasil levará em conta as contribuições das diferentes culturas e etnias para a formação do povo brasileiro e art. 68 das disposições transitórias - Aos remanescentes das comunidades dos quilombos que estejam ocupando suas terras é reconhecida a propriedade definitiva, devendo o Estado emitir-lhes os títulos respectivos." (Constituição da República Federativa do Brasil: promulgada em 05 de outubro de 1988. 4. ed. São Paulo: Javoli, 1989, p. 11, 12, 13, 16, 17, 20, 29, 30, 65, 149, 150, 164 e 197).

a Constituição, era aceitando-se a recepção. Como exemplo de um doutrinador que se filiou a esta linha de pensamento temos Celso Ribeiro Bastos (1989, p. 223);

b) os que consideravam revogada a Lei nº 7.437, de 20.12.85 - para estes autores, entre eles José Cretella Júnior (1990, p. 479), era urgentíssima a edição de uma nova lei que definisse e punisse a prática do racismo nos termos dispostos pela Carta Magna.

No entanto, esta discussão não durou muito, uma vez que ficou superada com a promulgação da Lei nº 7.716, em 05 de janeiro de 1989, que definiu os crimes resultantes de raça ou de cor.

Pelo disposto no artigo 5º, incisos XLI e XLII, da Constituição Federal de 1988, houve uma distinção profunda entre as demais discriminações que são praticadas no seio da sociedade e a discriminação racial, pois para as primeiras apenas ficaram especificados que a "lei punirá qualquer discriminação atentatória dos direitos e liberdades fundamentais", não constando a área do Direito que deveria enfrentá-las.

Seguramente isto ocorreu porque o movimento negro efetuou uma vigília muito grande quando da elaboração da Lei Maior, a fim de que as práticas discriminatórias relacionadas com a raça e a cor saíssem da condição de contravenção penal e fossem elevadas a crime, ou seja, que ganhassem o *status* penal correspondente à gravidade da perturbação causada na sociedade.

Além do mais, "o racismo pode ser considerado uma figura-chave dentre as várias espécies de discriminações presentes nas sociedades, somente superado em intensidade e freqüência com que se manifesta pela discriminação que vitima as mulheres" (Eluf, 1995, p. 20).

Esta disposição, criminalizando a prática do racismo, não representou uma inovação só na legislação brasileira, pois Celso Ribeiro Bastos (1989, p. 221), ao examinar essa matéria nas Constituições de outros países, afirma não ter encontrado "nada além da fixação ampla do princípio da igualdade".

No entanto, alguns doutrinadores brasileiros, da área do Direito Constitucional, manifestaram-se contra esta disposição ou não a reputaram tão importante, entre eles: Alcino Pinto Falcão[15] e Celso Ribeiro Bastos,[16] sendo que o argumento apresentado é que o racismo não seria um problema tão sério no nosso país.

Os poucos penalistas que escrevem sobre esta matéria[17] também têm dificuldades em reconhecer que as condutas discriminatórias raciais não são atos isolados de alguns brasileiros, mas uma forma de agir cotidiana no Brasil.

Por outro lado, há uma tendência muito acentuada em atribuir-se todas as discriminações aos problemas sociais[18] existentes, sendo esquecido que "no Brasil a pirâmide socioeconômica é racial, o contingente afrobra-

---

[15] "Ao que me consta, não há texto semelhante, em outros Diplomas, pátrios ou estrangeiros; um particularismo, pois, do inciso em comentário, que parece, por míngua de material interno, ter mais um objetivo proclamatório, como o da Declaração da Revolução Francesa (África do Sul, o endereço certo!)." (Falcão, 1990, p. 272).

[16] "Não cremos, portanto, que o racismo seja um problema sério no País. A elevação da raça negra e outras, como do próprio índio, estão na dependência de uma elevação geral dos padrões de vida e de cultura vigorantes nas camadas mais baixas da população." (Bastos, 1989, p. 221).

[17] Além de não contarmos com um acervo jurídico significativo sobre este assunto, os raros juristas que se dedicam à matéria não conseguem captar a maneira sutil como as discriminações raciais são praticadas no Brasil, chegando a proferir afirmações como estas: "discriminação por questão de raça é difícil, pois o Brasil é, ainda, um país de imigrantes que deram a São Paulo, em especial, e ao Brasil o progresso que o país hoje ostenta." (Sznick, 1993, p. 201). Esta forma simplista de enxergar a realidade brasileira deixa sem explicação o fato de o negro ter tantas dificuldades para ascender na pirâmide social.

[18] Esta concepção é encontrada em trabalhos de penalistas reconhecidos por seus ensinamentos no mundo jurídico e que tem grande repercussão na formação dos novos estudantes de Direito, como é o caso de Luiz Vicente Cernicchiaro (1995, p. 180): "Além disso, cumpre registrar, o preconceito é mais social do que racial ou de cor. As condições sócio-econômicas predominam em relação às características antropológicas. Elevado *status* social elimina ou ameniza sensivelmente qualquer tendência à distinção."

sileiro engrossa a base desta pirâmide entre os assalariados e subempregos" (Prudente, 1988, p. 140). Como esta situação não se modifica por décadas, a única explicação viável é que a população negra sofre uma discriminação racial velada, disfarçada, "quase envergonhada", em muitos segmentos da sociedade brasileira.

No entanto, atualmente, não convencem mais os ensinamentos sobre os pontos de partida, ou seja, que o negro teria maior dificuldade em equiparar-se aos brancos por ter sido escravizado em um período da história, considerando-se o tempo transcorrido desde a abolição da escravatura e, também, porque os imigrantes ingressaram em massa no País na mesma época, sendo que hoje integram todas as classes sociais brasileiras.

Com efeito, a afirmação de que o negro tem mais entraves sociais e, atualmente, é mais pobre do que outras raças por ter sido escravo, só ratifica o quanto este estereótipo negativo está fortemente infiltrado na mente do povo brasileiro e, desta forma, apenas acentua essa fonte pródiga de discriminações.

O próprio governo brasileiro já está assumindo um novo discurso em relação a essas desigualdades sociais que se mantêm entre os negros, tanto que no 10º relatório encaminhado à Convenção Internacional sobre a Eliminação de todas as formas de Discriminação Racial, assim se manifestou:

> "O Estado brasileiro considera que a perpetuação destas desigualdades econômicas e sociais entre os grupos raciais já é em si mesma uma manifestação indireta de discriminação e como tal precisa ser combatida, pois constitui um obstáculo ao direito à igualdade de oportunidades." (Brasil, 1996, p. 37).

O não reconhecimento do Brasil como um país com sérios problemas de racismo ainda é uma conduta comum entre os brasileiros e, conseqüentemente, também entre os operadores do Direito. No entanto, em relação a estes últimos, os reflexos desta postura são mais sérios, pois eles exercem o poder da violência simbólica, ou seja, "o poder capaz de impor significações como legítimas" (Ferraz Júnior, 1994, p. 276) e, com isto, neutralizam os comportamentos diversos que poderiam ocorrer na jurisprudência.

Assim, não concordamos com a idéia de que o Brasil seja um país isento de problemas raciais, ou que ocorram raras condutas discriminatórias e, por isso, a nosso ver, a Constituição Federal de 1988 representou um marco importante nesta questão, uma vez que, com a criminalização de condutas discriminatórias raciais são também, implicitamente, reconhecidos, pelo legislador brasileiro, os graves problemas causados pela prática do racismo.

No entanto, este crime recebeu dois rótulos: ser imprescritível e inafiançável, os quais são totalmente inadequados, como pontuaremos nos tópicos que seguem.

22.2.1. Imprescritibilidade

A palavra prescrição vem do latim *"praescriptio"*, que significa um escrito posto antes, e era usada para que o magistrado não examinasse o mérito da matéria. Em sentido contrário, temos a imprescritibilidade que possibilitaria ao julgador sempre analisar e decidir sobre o mérito.

A prescrição "é a perda do direito de punir, pelo decurso de tempo; ou, noutras palavras, o Estado, por sua inércia ou inatividade, perde o direito de punir. Não tendo exercido a pretensão punitiva no prazo fixado em lei, desaparece o *jus puniendi*." (Noronha, 1997, p. 359). Pode ser tanto da ação, que ocorre mesmo antes do processo ter início, como da condenação, que tem lugar após a sentença condenatória.

O estudo do histórico do instituto da prescrição demonstra que foi lenta a sua conquista pela humanidade. Com efeito, ela já era conhecida no direito grego e no direito romano, mas "o mais antigo texto legal de que se tem notícia, relativamente à prescrição penal é a *lex Julia de adulteriis*, do ano 18 a.C." (Porto, 1983, p. 13).

A prescrição foi muito combatida no século XVII, argumentando-se que era perigosa para a segurança nacional. Cesare Beccaria,[19] inclusive, não foi, de forma geral, favorável a ela.

A prescrição da ação teve aceitação mais rápida e hoje consta em quase todos os códigos penais modernos; enquanto a prescrição da condenação "somente surgiu na França através do Código Penal de 1791" (Porto, 1983, p. 13), por influência da Revolução Francesa, havendo alguma resistência para ser adotada na Inglaterra, que a acolheu apenas como exceção.

Em relação à "*imprescritibilidade* de qualquer tipo de crime, quase todas as legislações modernas a repelem, adotando, assim, a regra da *prescritibilidade* nos casos da repressão criminal" (Cretella Jr., 1990, p. 483).

O desenvolvimento de estudos nesta matéria fez surgir várias teorias que fundamentam a prescrição, e as mais significativas são as seguintes: do esquecimento, da dispersão das provas, da presumida expiação moral ou indireta, da presumida emenda do criminoso, do interesse diminuído, da extinção dos efeitos antijurídicos, psicológica, da posse da imputabilidade (com analogia civilista), da eqüidade e, por fim, as que se embasam na política criminal.

No direito brasileiro, também, não foi fácil que o instituto da prescrição passasse a fazer parte de nossa

[19] Em seu famoso livro *Dos delitos e das penas*, no item XXX destinado aos processos e prescrições, assim se manifestava Cesare Beccaria (1996, p. 101): "os crimes cruéis que permanecem longo tempo na lembrança dos homens, assim que provados, não merecem prescrição alguma em favor do réu, que se livra pela fuga. Nos delitos menores e obscuros, entretanto, a prescrição deve pôr fim à incerteza do cidadão quanto à sua sorte, pois a obscuridade, envolvendo por muito tempo os delitos, anula o exemplo da impunidade, deixando, entretanto, ao réu, a possibilidade de redimir-se."

legislação. A prescrição da ação somente ingressou com o Código de Processo Criminal de 1832,[20] uma vez que o legislador de 1830 foi contrário ao instituto, conforme disposição do artigo 65.[21] Já a prescrição da condenação demorou mais tempo, sendo instituída pelo Decreto nº 774, de 20 de setembro de 1890, que declarou abolida a pena de galés, reduziu para 30 anos as penas perpétuas, computou o tempo de prisão preventiva na execução e estabeleceu a prescrição das penas.[22] A partir de então constou em todos os nossos Códigos Penais.

Assim, quando o legislador constituinte estipulou a imprescritibilidade para os crimes resultantes da prática do racismo foi de encontro a uma conquista histórica dos povos civilizados, "contrariando a doutrina, que prega a prescritibilidade em todos os ilícitos penais" (Mirabete, 1997, p. 398) e não levando em conta que "tudo passa, um dia. Há de passar, também, e ser esquecida, a ameaça do Estado de apanhar o delinqüente. Nem o ódio dos homens costuma ser invariàvelmente implacável e irredutível" (Garcia, 1968, p. 700).

A previsão constitucional é demagógica e "vai de encontro à nossa sistemática legal" (Falcão, 1990, p. 273), não havendo nada mais incoerente com o sistema democrático, fundado na dignidade da pessoa humana, do que a imprescritibilidade (Cf. Franco, 1996, p. 179), pois a prescrição "é, antes de tudo, uma exigência de justiça social" (Hungria, 1945, p. 114).

---

[20] Os prazos de prescrição constavam nos artigos 54 a 57 do Capítulo I do Título II, Parte Segunda, do Código do Processo Criminal de Primeira Instância de 1832. (Pierangelli, 1983, p. 220 e 221)

[21] O artigo 65 do Código Criminal de 1830 trazia a seguinte redação: "as penas impostas aos réos não prescreverão em tempo algum." (Pierangelli, 1980, p. 173).

[22] Já naquela época, o legislador evidenciava a importância de abolirmos os crimes imprescritíveis, expressando, nas considerações deste decreto, o seguinte: "Que urge, emquanto não é publicado e posto em execução o novo código penal da República dos Estados Unidos do Brazil, remediar excessivos rigores da legislação criminal vigente, entre os quaes a imprescriptibilidade da pena;" (Pierangelli, 1983, p. 430).

Com efeito, a pena, sendo aplicada muito tempo depois da ocorrência do delito, não teria justificativa alguma. Com o passar do tempo, dilui-se o clamor público, a indignação, o sentimento de insegurança, etc., que o crime poderia causar e, diante dessa nova realidade, o Estado "não tem mais razões para aplicar ao fato o Direito Penal objetivo, extinguindo-se a exigência de punição" (Jesus, 1997a, p. 712).

Um Estado que efetivamente quer resolver os conflitos "não tem interesse em prolongar indefinidamente os litígios. Deseja dirimi-los com brevidade, a fim de restituir a paz, ou impedir perigo para a sociedade" (Lyra Filho, 1973, p. 271).

Por outro lado, as provas que já são difíceis nos crimes de discriminação, tornam-se quase impossíveis de se realizar passado muito tempo do fato, sendo que a tardia movimentação da máquina judiciária acarretará apenas ônus para os cofres públicos, sem qualquer resultado efetivo.

Ao prever a imprescritibilidade para estes tipos de delitos, o legislador constituinte arranhou o princípio da proporcionalidade, uma vez que para crimes tão ou mais graves continuarão sendo aplicadas as regras do instituto da prescrição.

Verifica-se que este dispositivo constitucional está em descompasso com o espírito da Carta Magna e representa um retrocesso para o Direito Penal pátrio, devendo ser repudiado por todos os que zelam pela preservação de um Estado Social que se empenhe em proteger os cidadãos e que, portanto, não poderá persegui-los por tempo indefinido.

22.2.2. Inafiançabilidade

A fiança "é um ônus imposto ao réu ou ao indiciado em quase todos os casos de liberdade provisória, para que assim ele possa defender-se solto em processo penal condenatório" (Marques, 1997, p. 132). Ela consiste em um depósito, em dinheiro ou valores, realizado pelo acusado ou em seu nome para que responda o processo em liberdade, tendo "a finalidade de compeli-lo ao cumprimento do dever de comparecer e permanecer vinculado ao distrito da culpa" (Greco Filho, 1991, p. 252).

Este instituto é previsto "desde a Antigüidade. No Brasil, todos os textos constitucionais a ele se referiram, exceto a Carta de 1937" (Fernandes, 1991, p. 29), mas teve reduzida a sua aplicação desde 1977, em virtude da alteração feita pela Lei nº 6.416, de 24.05.77, que acrescentou o parágrafo único no artigo 310 do Código de Processo Penal, determinando que somente não será concedida a liberdade provisória, independente de fiança, nos casos em que for necessária a prisão preventiva.

Como o legislador constituinte rotulou de inafiançável a prática do racismo, iniciou-se na doutrina a discussão sobre a possibilidade de ser concedida liberdade provisória, com base no artigo 310, parágrafo único, do Código de Processo Penal.

Vicente Greco Filho[23] e Antônio Scarance Fernandes,[24] entre outros, manifestaram-se no sentido de ser

[23] Este autor considera que a liberdade provisória sem fiança aplica-se a qualquer infração penal, inclusive as inafiançáveis, argumentando que "a obrigatoriedade da prisão, mesmo em crimes mais graves, revelou-se no direito brasileiro como inadequada para a realização da justiça". Acrescenta ainda o seguinte: "cremos que seria um retrocesso, incompatível com o sistema geral de garantias da pessoa, manter na prisão alguma pessoa em virtude de situação meramente formal, que seria a de flagrância" (Greco Filho, 1989, p. 135 e 136).

[24] Não concordamos integralmente com Antônio Scarance Fernandes, uma vez que ele defende que para os crimes inafiançáveis a concessão da liberdade provisória, com base no artigo 310, parágrafo único, do Código de Processo Penal, somente seria possível impondo-se ao réu maiores ônus ou obrigações, fornecendo como exemplos o recolhimento domiciliar noturno em finais de semana e a prisão domiciliar. Sustenta, também, que em obediência ao princípio da gradualidade ou proporcionalidade não seria possível "imaginar que se a Constituição declarou certos crimes inafiança-

concedida a liberdade provisória para os casos de inafiançabilidade, sendo este o posicionamento majoritário dos penalistas brasileiros.

Em face disto, apesar de o legislador pretender ser mais rigoroso com os réus que respondessem processos por crimes de prática de racismo, paradoxalmente, acabou por beneficiá-los, pois dificilmente deixarão de receber a liberdade provisória sem pagar fiança, uma vez que, na grande maioria dos casos, as hipóteses que autorizariam a prisão preventiva não estão presentes.

Assim, entendemos que neste aspecto errou o legislador constituinte, pois seria melhor que deixasse a fiança para ser tratada por lei ordinária, oportunidade em que poderia haver uma reflexão mais detalhada sobre a matéria.

Logo após entrar em vigor a Constituição Federal de 1988, o legislador ordinário cumpriu o dispositivo constitucional que determinava a criminalização da prática do racismo, e várias leis foram promulgadas, como veremos nos tópicos que seguem.

23. Legislações penais antidiscriminatórias promulgadas após 1988

Como já frisamos no item anterior, a Constituição Federal de 1988, apesar de ter rotulado o crime de prática de racismo de imprescritível e inafiançável, representou uma conquista na matéria relacionada à discriminação.

No entanto, o constituinte, ao criminalizar a prática do racismo, não definiu o que entende por racismo,

---

veis possa o legislador ordinário, esvaziando a vedação constitucional, permitir hipóteses de liberdade provisória em que os vínculos sejam menos gravosos do que a fiança" (Fernandes, 1991, p. 37). Apesar de ele utilizar argumentos contudentes, entendemos que se o legislador não previu ônus algum para o réu, não cabe ao julgador criá-los.

"substantivo que pode significar coisas diferentes, o que não basta para caracterizar a tipicidade criminal" (Falcão, 1990, p. 272). Assim, tal tarefa foi delegada ao legislador ordinário.

Para sabermos qual a abrangência que foi dada no âmbito criminal, na seqüência desse livro, analisaremos como a matéria está disposta nas leis penais promulgadas após 1988.

23.1. Lei nº 7.716, de 05 de janeiro de 1989

Três meses após a promulgação da Carta Magna de 1988, o legislador ordinário elaborou uma nova lei antidiscriminatória, definindo os crimes resultantes de raça ou de cor. O autor desta lei foi o Deputado Carlos Alberto Caó, antigo presidente da Associação Brasileira de Imprensa, que apresentou o Projeto de Lei nº 668/88 (Câmara dos Deputados) ainda no ano de 1988 e que, posteriormente, foi transformado na Lei nº 7.716/89 (Cf. Prudente, 1988, p. 144).

A lei é composta de vinte e um artigos: um deles faz uma previsão genérica no sentido de serem punidos, na forma da lei, os crimes resultantes de preconceitos de raça ou de cor (artigo 1º); dois tratam da data em que ela passa a vigorar e que ficam revogadas as disposições em contrário (artigos 20 e 21); quatro foram vetados pelo então Presidente da República - José Sarney (artigos 2º, 15, 17 e 19); e dois prevêem efeitos possíveis em caso de condenação (artigos 16 e 18). Restaram, portanto, doze tipos penais.

As justificativas para os vetos foram as seguintes:

- O artigo 2º previa que o racismo seria imprescritível, inafiançável e insuscetível de suspensão condicional da pena. Como o *SURSIS* é um direito que a própria Constituição garante a todos os condenados, esse artigo era inconstitucional, pois não pode

o legislador ordinário fazer uma restrição que não está expressamente disposta na Carta Magna;
- o artigo 15 dispunha que discriminar alguém por razões econômicas, sociais, políticas ou religiosas, em local de trabalho, em público ou em reuniões sociais seria considerado delito. O veto foi proferido com a justificativa de ser a tipificação muito abrangente e de difícil comprovação. No entanto, é sabido que muitas discriminações também ocorrem em função da situação social e econômica da vítima, sendo que "a própria amplitude da lei seria corrigida quer pelo trabalho da doutrina - já que abrangência não é tanto assim, como também na sua aplicação na elaboração dos tribunais" (Sznick, 1993, p. 205). Em face disto, o veto foi considerado indevido por muitos juristas.
- os outros dois vetos, do artigo 17, que previa pena acessória, e o do artigo 19, que determinava o rito sumário para o processo, foram corretos, uma vez que com a reforma do Código Penal - parte geral, ficaram abolidas as penas acessórias e o rito previsto era incompatível para os delitos punidos com pena de reclusão.

Os doze tipos penais restantes que formam esta Lei, também conhecida como Lei Caó, prevêem sanções que vão de um a cinco anos de reclusão, com possibilidade de ser agravada em 1/3 (um terço) a pena, quando o crime previsto no artigo 6º for praticado contra menor de dezoito anos. Todos estes delitos admitem tentativa e co-autoria, devendo ser utilizadas as regras gerais cabíveis, previstas na Parte Geral do Código Penal.

O maior mérito atribuído à Lei Caó foi transformar o ilícito resultante de preconceito de raça e de cor em crime. No entanto, as críticas começaram a surgir logo após o início de sua vigência, pois apesar de ter superado alguns defeitos apresentados pela Lei Afonso Arinos, ainda era formada de tipos penais casuísticos.[25] Além do mais, voltamos ao modelo de 1951, pois foram retirados os atos resultantes de preconceitos de sexo e estado civil, que já eram conquistas desde 1985, com a Lei nº 7.437 - constante no item 20 do Capítulo I deste livro. Portanto, houve quase que uma reprodução dos tipos penais da Lei Afonso Arinos, com a substituição das penas.

Por outro lado, também verifica-se uma tentativa de aumentar os espaços em que poderiam ser exercidos os delitos raciais, abrangendo-se espaços sociais que não foram considerados pelas leis anteriores.

Para tanto, houve o aproveitamento das experiências obtidas com as frustrações jurídicas que as vítimas sofreram nos tribunais. Com efeito, estes espaços novos foram ficando visíveis quando os discriminados buscavam a justiça para verem solucionados os crimes de que entendiam ser vítimas, e o processo terminava com uma sentença absolutória, por atipicidade do fato.[26]

---

25 Valdir Sznick (1993, p. 203) foi um dos penalistas que criticaram o casuísmo da lei: "A recente lei é mais completa que a anterior, mas padece, em parte, da mesma crítica da anterior - quando era contravenção - que é a de prever as modalidades delitivas com casuísmo." Em outra obra, sobre o mesmo tema, assim se refere este autor: "O legislador deveria ter colocado uma norma genérica, ao lado das citadas, para poder abranger variadas e novas modalidades. (Sznick, 1992, p. 143)." Nesta mesma linha de pensamento são as palavras de Paulo José da Costa (Cernicchiaro, 1995, p. 248): "O tipo penal a ser criado deve ser o aberto. Qualquer conduta que discrimine qualquer raça, impedindo-a de usufruir privilégios ou exercitar direitos haverá de ser punida", e de Luíza Nagib Eluf (1995, p. 21): "A prática cotidiana, porém, deixa claro que essa lei apresenta alcance limitada, uma vez que não prevê grande número de situações em que se dá o fenômeno discriminatório."

26 No entanto, por ser esta nova lei também casuística, logo as vítimas de atos resultantes de preconceito de raça ou de cor que procuravam o Poder Judiciário, amparados na Lei Caó, veriam as suas frustrações retornarem. Como exemplo desta situação, temos a apelação criminal nº 141.820-3/4-01 - Araçatuba - São Paulo, da 3ª Câm., rel. Des. Gonçalves Nogueira, julgada em 19.03.96, envolvendo o processo em que José Parrilha Filho foi condenado em primeira instância por infração ao artigo 4º da Lei nº 7.716, de 1989, havendo, inicialmente, confirmação da sentença em 2º grau. Mas, em decorrência de um voto vencido houve embargos e a sentença foi reformada sendo absolvido o embargante, reconhecendo-se a atipicidade da conduta.

Passaram a fazer parte desses novos espaços sociais, não só o matrimônio, como também o ingresso em determinadas partes de prédios de moradia ou públicos, previstos no artigos 14 e 11, respectivamente.[27] Assim, houve uma evolução, saindo-se dos espaços unicamente físicos, para incluir as relações sociais. Mas ainda há a permanência da limitação a espaços que chamaremos de arquitetônicos, uma vez que restritos a situações pré-determinadas, levando a concluir que as condutas discriminatórias raciais poderiam ser legítimas em um espaço e noutros não.[28]

A experiência evidenciou várias dificuldades encontradas pelas vítimas desse tipo de delito, as quais para fins didáticos agruparemos em dois momentos, já salientando que não pretendemos esgotar todos os entraves que são denunciados pelos discriminados, mas apenas os mais evidentes:

a) na fase do inquérito judicial - havia um despreparo dos delegados e demais policiais para investigarem

---

Por ser bastante elucidativo transcreveremos a Ementa Oficial: "PRECONCEITO DE RAÇA OU COR - Negar ou obstar emprego em empresa privada - Descaracterização - Ilícito imputado a síndico de edifício de apartamentos - Condomínio não assimilável como empresa privada - Atipicidade - Absolvição decretada - Inteligência do art. 4º, da Lei 7.716/89. *Ementa Oficial: Atípica a conduta do síndico de edifício de apartamentos, ao ofertar emprego com discriminação de raça ou cor, na justa medida de inocorrer equivalência conceitual do elemento normativo do tipo - empresa privada - com o aludido condomínio, visto faltar a este o substrato de natureza econômica, bem por isso, sob os auspícios da reserva legal inconcebível de se ampliar exegeticamente o formatizado pela lei repressiva, máxime através de equiparações analógicas em detrimento do réu.*" (Revista dos Tribunais, São Paulo, n. 731, p. 557-560, setembro de 1996).

[27] A redação desses artigos é a seguinte: "Artigo 11 - Impedir o acesso às entradas sociais em edifícios públicos ou residenciais e elevadores ou escada de acesso aos mesmos: Pena - Reclusão, de 1 (um) a 3 (três) anos". Observa-se que o legislador foi minucioso nos detalhes, inclusive deixando, no mínimo, curioso este texto legal. "Artigo 14 - Impedir ou obstar, por qualquer meio ou forma, o casamento ou convivência familiar e social: Pena - Reclusão, de 2 (dois) a 4 (quatro) anos".

[28] Como exemplo desta possibilidade, vide acórdão referido em nota 26 *supra*, oportunidade em que os julgadores reconheceram expressamente que houve discriminação, mas a decisão foi absolutória por falta de previsão do espaço arquitetônico (no caso condomínio) em um tipo penal da Lei Caó.

este tipo de delito, que apesar de ser previsto desde 1951, como contravenção penal, na prática nunca foi muito utilizado, pois pela ineficácia das leis anteriores, as vítimas não buscavam mais as delegacias de polícia para fazerem as ocorrências.

Procurando solucionar este problema, em algumas cidades do Brasil, entre elas, São Paulo e Rio de Janeiro, foram criadas Delegacias Especializadas para os delitos de discriminação.

Nestas delegacias especializadas ficou mais facilmente comprovada a fragilidade da Lei Caó que, por prever tipos casuísticos, fazia com que a maioria dos boletins de ocorrência fossem classificados como crimes de difamação ou injúria (artigos 139 e 140, *caput*, respectivamente, do Código Penal).[29]

Com a classificação de crime contra a honra, a ação penal já não era mais pública incondicionada, passando a ser da responsabilidade da vítima movimentar a máquina judiciária através de uma ação privada, que representava ônus para os discriminados e, por isso, normalmente o inquérito era arquivado após o prazo da decadência,[30] previsto no artigo 38 do Código de Processo Penal.

b) na fase judicial - para os poucos inquéritos que revertiam em processos criminais, através de denúncia

---

[29] O trabalho realizado pelo pesquisador Seth Racusen evidencia bem essa situação: dos 250 BOs existentes na Delegacia Especializada de São Paulo até dezembro de 1995, ele analisou 80, verificando que a maioria dos casos era classificada como injúria e concluiu que o problema poderia residir no fato da lei não compreender "as experiências concretas dos negros" (Racusen, 1996, p. 205).

[30] É importante ressaltar que quando o crime contra a honra era indevidamente classificado no processo em um dos tipos previstos na Lei nº 7.716/89, acabava resultando em absolvição e, nesta oportunidade, dificilmente o prazo de decadência já não estaria esgotado, inviabilizando o ingresso com a queixa-crime. Exemplo de jurisprudência dessa indevida tipificação: "RACISMO - Não caracterização - Vítima chamada de 'negra nojenta', 'urubu' e 'macaca' - Expressões injuriosas - Conduta que configuraria a difamação e injúria - Crime de ação privada - Ausência da discriminação estabelecida no artigo 14 da Lei nº 7.716/89 - Recurso não provido." Relator: Celso Limongi - Apelação Criminal n. 133.180-3 - São Paulo - 05.05.94.

do promotor de justiça, o caminho da vítima prosseguia sendo árduo, uma vez que a prova do fato e do dolo, nestes tipos de delito, são muito difíceis.

Com efeito, a discriminação realizada no Brasil não é assumida, ela vem, muitas vezes, "escondida de uma maneira sutil ('O emprego já foi preenchido', 'Sinto muito, não temos vagas', em caso de escolas, aluguéis de imóvel e outros) e que veladamente contém em si uma recusa, motivada pelo racismo, mas mascaradas por escusas como as citadas" (Sznick, 1993, p. 207).

Assim, considerando-se a forma dissimulada com que a discriminação é realizada no nosso país, pois após as primeiras leis penais antidiscriminatórias ela "tem se tornado mais sutil e sistemática" (Eccles, 1991, p. 143), verifica-se a dificuldade de ser provado o dolo,[31] sendo que, na maioria das vezes, para resultar o processo em uma condenação precisará que o discriminador, réu no processo criminal, "depois de praticar a discriminação por preconceito de raça, decline, (...), que esta foi a razão do seu ato. Se não o fizer, será a sua palavra contra a do discriminado" (Silva, 1994, p. 136).

Como a responsabilidade objetiva está totalmente descartada da legislação penal que leve em conta a pessoa humana, seria inviável pensar-se em condenações fundadas apenas na danosidade social do fato. Por isso é fundamental a prova contundente do dolo, levando-se

[31] A prova do dolo demonstrou ser o grande problema dos processos por crimes de discriminação, sendo que a maioria das absolvições teve esta fundamentação, como por exemplo a ACR 115465 3, da 5ª Câm. Criminal de São Paulo, julgada em 04.03.92 e tendo como relator Pocas Leitão, cuja ementa é a seguinte: "Crime - Preconceito de raça ou de cor - Não caracterização impedimento a entrada social de edifício residencial - Art. 11, da LF 7716/89 - Ausência de prova de que a conduta se relacionasse a preconceito de raça ou de cor - Absolvição decretada - RP para esse fim não basta, para a tipificação do delito, que haja impedimento ou embaraço as entradas sociais em edifícios residenciais e elevadores ou escada de acesso aos mesmos. É necessário que tal conduta do agente esteja relacionada com preconceito de raça ou de cor."

em conta que os tipos penais da Lei Caó são todos dolosos e não há previsão da figura culposa.

Por outro lado, cabe ressaltar, também, que o legislador ordinário não observou a tendência mais moderna em relação à qualidade e quantidade das penas.

Com efeito, verifica-se que a sanção adotada foi a privativa de liberdade, agravada por tempo excessivo.

Fazendo esta opção política, o legislador desprezou os estudos já realizados nesta área, cujos resultados determinaram o repúdio das penas longas privativas de liberdade em muitos países, porque "comprovou-se que os cárceres são fatores criminógenos de alto poder, além do que causam irremediavelmente a desintegração social e psíquica do indivíduo e todo seu círculo familiar" (Cervini, 1993, p. 93).

A Criminologia desenvolveu-se muito neste século, buscando compreender o criminoso e a sociedade em que ele está inserido, sendo que uma linha de trabalho evidenciou que a pena privativa de liberdade é mais eficaz quando, apesar de não ser longa, tenha a garantia de ser cumprida.

Além do mais, a pena pecuniária não foi prevista e, sem dúvida nenhuma, seria muito útil para esse tipo de delito.

Assim, em relação às sanções previstas para estes delitos, perdeu-se, também, "uma excelente chance de modernizar o tratamento dado ao racismo no País" (Trentin, 1994, p. 97).

Como esta lei não previa muitos casos importantes de discriminação, começaram a surgir outras leis, algumas de matéria totalmente diversa, que estipulavam em seus textos tipos penais para auxiliar no combate à discriminação, como veremos a seguir.

23.2. Lei nº 8.069, de 13 de julho de 1990

Por esta lei foi instituído o Estatuto da Criança e do Adolescente - atos infracionais e medidas socioeducativas - oportunidade em que foram definidos os crimes praticados contra a criança e o adolescente, no Título VII, Capítulo I, artigos 225 a 244.

No artigo 5º desta lei, ficou estabelecido que "nenhuma criança ou adolescente será objeto de qualquer forma de negligência, *discriminação*, exploração, violência, crueldade e opressão, punido na forma da lei qualquer atentado, por ação ou omissão, aos seus direitos fundamentais (grifo nosso)" (Franco, 1995, p. 297).

Entendeu o legislador que não bastaria esta disposição que previa uma proteção genérica, e criminalizou algumas condutas que fossem praticadas contra o menor, sendo que isto foi considerado um excesso porque

> "a pulverização das normas penais em diversos textos legislativos não é boa providência (...), na medida em que se transformam os contextos legais em verdadeiras colchas de retalhos, desestruturando-lhes a tão necessária composição sistemática." (Renato Cramer Peixoto *apud* Franco, 1995, p. 371).

Além do mais, cria-se a ilusão de que os problemas sofridos pelas crianças e adolescentes por discriminações podem ser, de maneira generalizada, atacados pelo viés penal. Com isso, o legislador multiplica as figuras criminosas e as "descrições típicas descem a pormenores e generalizações inaceitáveis; as conseqüências penais são distribuídas sem nenhum critério." (Franco, 1993, p. 371).

Neste mesmo período histórico, foi promulgada outra lei muito combatida, Lei nº 8.072, de 25 de julho de 1990, que logo ficou conhecida por Lei dos Crimes Hediondos. Não nos deteremos na análise das críticas feitas a este texto legal pelos juristas, por fugir do tema central da discriminação. Para nós somente interessa mencionar que pelo parágrafo único do artigo 1º da lei, o crime de genocídio passou a ser considerado hediondo.

23.3. Lei nº 8.078, de 11 de setembro de 1990

Instituiu o Código de Defesa do Consumidor, que dispõe sobre a proteção de consumidor e dá outras providências. O Título II trata das infrações penais - artigos 61 a 80.

No artigo 67, é prevista uma pena de detenção de três meses a um ano e multa para quem fizer ou promover publicidade que sabe, ou deveria saber, ser enganosa ou abusiva.

Por outro lado, no § 2º do artigo 37 da mesma lei, encontramos a definição de publicidade abusiva:

> "É abusiva, dentre outras, a publicidade discriminatória de qualquer natureza, a que incite à violência, explore o medo ou a superstição, se aproveite da deficiência de julgamento e experiência da criança, desrespeita valores ambientais, ou que seja capaz de induzir o consumidor a se comportar de forma prejudicial ou perigosa à sua saúde ou segurança." (Franco, 1995, p. 471).

Este artigo dá grande amplitude à definição de publicidade abusiva, referindo-se "sempre a valores da sociedade. Proíbe o ataque da publicidade a valores sociais e não ao bolso do consumidor" (Trentin, 1994, p. 91).

O artigo 37 é que vai preencher a norma penal em branco prevista no artigo 67, acima referido, que é um crime formal, sendo suficiente para a sua consumação "a efetiva exposição dos consumidores à mensagem publicitária" (A. H. V. Benjamin *apud* Franco, 1995, p. 491).

23.4. Lei nº 8.081, de 21 de setembro de 1990

A lei antidiscriminatória anterior, Lei nº 7.716/89, somente abrangia os atos resultantes de preconceito de raça ou de cor, ficando fora do âmbito penal todas as demais discriminações, como as motivadas por religião, etnia, etc.

Com a finalidade de preencher estas lacunas, o legislador ordinário promulgou a Lei nº 8.081/90, oportunidade em que acrescentou à Lei Caó o artigo 20, §§ 1º e 2º, estabelecendo os crimes e as penas aplicáveis aos atos discriminatórios ou de preconceito de raça, cor, religião, etnia ou procedência nacional, praticados pelos meios de comunicação ou por publicação de qualquer natureza.

Em decorrência deste acréscimo, foram renumerados os artigos 20 e 21, passando a Lei nº 7.716/89 contar com vinte e dois artigos.

Com o artigo 20, uma diversidade maior de discriminações foram tipificadas, sendo que o legislador ordinário estava autorizado a tanto pelo disposto no inciso XLI do artigo 5º da Constituição Federal.

Na comunidade jurídica houve uma receptividade boa desta lei, uma vez que inúmeras práticas discriminatórias extremamente nocivas ao convívio social eram atípicas até esta data. No entanto, o entusiasmo não valeu muito porque o novo texto legal abrangia somente as discriminações praticadas pelos meios de comunicação.

A inovação que merece destaque é que novamente o legislador introduziu alguns outros espaços e começou a destruir os espaços arquitetônicos, mesmo estando circunscrito, ainda, aos meios de comunicações.

Com efeito, com a definição do instrumento (meios de comunicação social ou por publicação de qualquer natureza) escapa-se do espaço geográfico, única referência constante nas leis anteriores, evitando-se, ainda de forma limitada, as iniqüidades provocadas pela possibilidade de uma mesma discriminação ser legítima, quando praticada em determinado lugar, e ilegítima, em outro.

A preocupação inicial dos doutrinadores em relação a esta nova lei, foi evidenciar que a norma penal incriminadora não estaria "cerceando o chamado 'direito constitucional da plena liberdade de informação' (art. 220, § 1º, CF)" (Osório, 1995, p. 332), pois, ainda que o Estado Democrático pressuponha uma imprensa livre, sem censuras prévias, ao mesmo tempo deve garantir "proteção à honra, vida privada e imagem de todos os indivíduos, respeitando, portanto, dois dos princípios fundamentais consagrados pela Constituição Federal: dignidade da pessoa humana (art. 1º, III) e prevalência dos direitos humanos (art. 4º, II)." (Moraes, 1997, p. 15).[32]

O tipo penal do artigo 20 trouxe três verbos bastante amplos: *praticar*, que possui forma livre e "abrange qualquer ato desde que idôneo a produzir a discriminação prevista no tipo incriminador" (Osório, 1995, p. 330); *induzir*, que pressupõe a iniciativa na formação da vontade do outro; e *instigar*, que procura afastar a possibilidade de uma desistência.

Com estas alterações, a eficácia da lei penal antidiscriminatória melhorou, e os processos criminais tinham maiores possibilidades de terminarem com o julgamento do mérito,[33] ultrapassando-se um pouco mais a questão da atipicidade.

---

[32] Esta interpretação sistemática do conjunto da estrutura constitucional que possibilita ser conciliados os princípios constitucionais fortalece-se na jurisprudência, sendo exemplo disto a seguinte decisão: "RACISMO. Edição e venda de livros fazendo apologia de idéias preconceituosas e discriminatórias. Art. 20 da Lei nº 7.716/89 (redação dada pela Lei nº 8.081/90). Limites constitucionais da liberdade de expressão. Crime imprescritível. Sentença absolutória reformada." (Apelação Criminal n. 695130484, Porto Alegre - RS, 3ª Câm. Criminal do TJ, rel. Fernando Mottola, julgada em 31.10.96).

[33] Apesar do número de julgamentos sobre o mérito, envolvendo os crimes de discriminação, ainda ser pouco expressivo, já foi possível a formação de algum material e, conseqüentemente, ficou mais fácil verificar-se o posicionamento do Poder Judiciário sobre este assunto.

Com isso, o número de condenações aumentou,[34] sendo difícil de se precisar os motivos exatos, pois eles são muitos e encontram-se, normalmente, mesclados uns com os outros. No entanto, apenas para exemplificar, citaremos alguns que se fizeram sentir:

a) houve uma vigília maior dos grupos de discriminados, uma vez que os meios de comunicação de massa atingem milhares de pessoas e, por isso, é muito mais danoso socialmente um delito praticado através deles;

b) a própria lei servia como estímulo para as vítimas que tinham possibilidade de verificar um resultado imediato ao buscarem proteção no Judiciário, uma vez que pela disposição contida nos §§ 1º e 2º, do artigo 20, poderia ser feito o recolhimento imediato do material e a cessação da transmissão da mensagem discriminatória, bem como ficou previsto, como efeito da condenação, a destruição do material apreendido;

c) a sociedade, considerada em seu todo, passou a ter uma consciência maior de como as discriminações são praticadas no Brasil;[35]

---

[34] A decisão que segue demonstra esta tendência: "RACISMO - Programa radiofônico - Prática por locutor - Comentários discriminatórios em relação aos negros, com incitação ao preconceito contra a respectiva raça - Conduta subsumida ao tipo do artigo 20, *caput*, da Lei Federal n. 7.716, de 1989 - Condenação mantida - Recurso não provido. PROVA CRIMINAL - Testemunha - Racismo - Depoimento prestado por pessoas da raça negra, alvo da discriminação - Validade - Recurso não provido." (Apelação Criminal n. 153.122-3 - São Carlos - SP, 5ª Câmara Criminal de Férias, rel. Celso Limongi, julgada em 30.08.95 - LEX n. 175, p. 155-157).

[35] Evidentemente que esta consciência não se estendeu a todas as formas de discriminação, sendo ainda incipiente a admissão do problema por parte da sociedade. Além do mais, nada indicava que o povo brasileiro estaria disposto a assumir sua parcela de responsabilidade e iniciar algum projeto real para uma modificação efetiva no cotidiano de suas vidas. Este fato ficou demonstrado quando o racismo brasileiro foi desmascarado através de uma investigação científico-jornalística realizada pela Folha de São Paulo / Datafolha, oportunidade em que 89% dos entrevistados dizeram haver racismo no país, mas, somente 10% admitiram ser, eles próprios, racistas. (Cf. Rodrigues, 1995, p. 13). Assim, se não tivermos coragem de enfrentar, cada um de nós, a própria discriminação, ficará difícil modificar a postura de toda a sociedade brasileira.

d) a prova material era fácil de ser verificada através da publicação, na imprensa escrita, ou da retenção da fita em se tratando de televisão, rádio, etc.; e o dolo não era tão difícil de ser provado;

e) o crime previsto trazia um delito formal, que não exige resultado material para a sua consumação.

Por outro lado, as dificuldades para a aplicação desta lei nas publicações que envolvem piadas, charges, ironia, etc., logo ficaram patentes. Com efeito, o povo brasileiro tem uma forma única de encarar os seus problemas, sendo extremamente "gozador" e irônico com todo o contexto socioeconômico-cultural em que vive.

Esta forma de encarar a realidade cria um terreno fértil para o surgimento das piadas, que como "são expressões do humor, fazem parte do imaginário coletivo. Elas buscam a manifestação do riso. O problema é que o senso comum aí expresso, freqüentemente, adquire *status* de verdade, perpetuando estereótipos e preconceitos" (Fonseca, 1994, p. 45).

No entanto, da mesma forma que a piada difunde de maneira informal a discriminação e auxilia na sua conservação, também serve para denunciar "a realidade discriminatória que vigora no interior da sociedade" (Fonseca, 1994, p. 87). Assim, a busca e comprovação do elemento subjetivo do delito não é muito fácil.

Fábio Medina Osório (1995, p. 335) posiciona-se no sentido de que "a incidência do tipo incriminador em exame não é afastada pela presença do chamado *animus jocandi*". Entendemos que esta afirmação genérica e hermética, em uma matéria tão delicada como esta, ao ser aplicada aos casos concretos, ensejaria inúmeras injustiças, pois despreza toda uma cultura e forma de vida do brasileiro.

Por isso defendemos que se deve fazer o exame do *animus jocandi* nos julgamentos dos processos de crime de discriminação que envolvam piadas, charges ou outros textos semelhantes. No entanto, tal análise é muito difícil de ser realizada no âmbito do processo. Assim, verifica-se que muitas vezes são utilizados mecanismos jurídicos inusitados como a vida pregressa do réu para analisar o fato que está em julgamento. Entra-se perigosamente no Direito Penal do Autor. Com efeito, na jurisprudência pesquisada encontramos apenas uma decisão envolvendo este tipo de situação, sendo que, no caso, foi analisado o *animus jocandi* da seguinte forma:

> "*Racismo*. Incitamento: Inexistência de dolo. *Ementa*: Penal - Induzimento ou incitamento ao racismo - Anedota publicada em jornal - Inexistência de dolo - Ineficiência do meio. Na procura do elemento subjetivo do delito previsto no art. 20 da Lei nº 7.716/89, é indispensável a análise da conduta pregressa do agente. Não sendo ele racista, mas, ao contrário, tendo ele demonstrado, durante toda a sua vida que jamais teve como meta o induzimento ou incitamento ao preconceito, impõe-se a sua absolvição. Ausente o dolo, inexiste o crime. É da índole do brasileiro encarar com bom humor os temas mais agudos e complexos do cotidiano. A 'gozação' faz parte de seu temperamento, e por isso ninguém levaria a sério, a ponto de provocar o início de uma cisão na sociedade, a referência jocosa a uma pessoa, em face da cor da pele, ainda que através de publicação em jornal. (TJDF - 1ª T - Ac. nº 93944 - Rel. Des. Sérgio Bittencourt - DJ 28.05.97 - pág. 10979)". *Consulex - Revista Jurídica*, n. 7, p. 216, jul. 1997.

Não se exclui a possibilidade que em algumas situações a pessoa pode ter somente a intenção de gracejar, fazer pilhéria. Obviamente que "uma coisa é gracejar, outra é ridicularizar. Neste último caso, o dolo subsiste. O ridículo é uma arma terrível. (...) Desde, porém, que é ultrapassada a medida de um são humorismo, expondo-se a pessoa ao escárneo, desaparece a boa fé e torna-se evidente o *pravus animus.*" (Hungria, 1945, p. 296).

23.5. Lei nº 8.882, de 3 de junho de 1994

Esta lei modificou a redação do § 1º do artigo 20, introduzido pela Lei nº 8.081/90 e renumerou os antigos §§ 1º e 2º, que passaram a ser §§ 2º e 3º, respectivamente.

A redação do texto legal demonstra que o legislador ainda persistia no erro de descer a detalhes inadequados para um tipo penal, sendo que a nova previsão legal está expressa nos seguintes termos:

> "§ 1º - Incorre na mesma pena quem fabricar, comercializar, distribuir ou veicular símbolos, emblemas, ornamentos, distintivos ou propaganda que utilizem a cruz suástica ou gamada, para fins de divulgação do nazismo" (Síntese - Vade Mecum Criminal Atualizado até jul. 1995, v. 2, p. 904).

Consideramos este texto legal um verdadeiro desastre, pois o uso da cruz suástica em muitas situações pode não significar uma conduta discriminatória, mas de terrorismo, como também ter uma outra significação qualquer, que somente o contexto poderá evidenciar.

Além do mais, verifica-se que o legislador não teve a preocupação com a "proibição da divulgação do nazismo, mas da utilização da cruz suástica com tal finalidade" (Suannes, 1995, p. 87).

Em face da redação extremamente falha do presente parágrafo, dificilmente ele será aplicado na prática.

23.6. Lei nº 9.029, de 13 de abril de 1995

O legislador continuou a inserir em leis esparsas dispositivos penais contra a prática discriminatória, criando, desta forma, uma confusão grande para os operadores do direito que terão que trabalhar com inúmeras leis ao mesmo tempo, no momento em que tiverem nas mãos um crime de discriminação.

Além do mais, com esta inflação de leis, foge-se do espírito que norteia o Direito Penal moderno: o princípio da mínima intervenção.

Pela Lei nº 9.029, de 13 de abril de 1995, publicada no Diário Oficial da União de 17 de abril de 1995, ficou proibida a exigência de atestado de gravidez e esterilização e outras práticas discriminatórias, para efeitos admissionais ou de permanência da relação jurídica de trabalho, sendo tipificados os crimes de discriminação no artigo 2º, incisos I e II.[36] No parágrafo único deste mesmo artigo estão previstas as pessoas que podem ser sujeitos ativos destes crimes.

23.7. Lei nº 9.455, de 07 de abril de 1997

Esta lei no artigo 1º, inciso I, letra *c*, definiu o crime de tortura nos seguintes termos:

> "Constitui crime de tortura:
> I - constranger alguém com emprego de violência ou grave ameaça, causando-lhe sofrimento físico ou mental:
> (...).
> c) em razão de discriminação racial ou religiosa.
> (...).
> Pena - reclusão de dois a oito anos."

Em virtude desta lei, dois tipos de discriminação: racial e religiosa, passaram a servir de motivo para o crime de tortura.

---

[36] O texto legal deste tipo penal é o seguinte: "art. 2º. Constituem crime as seguintes práticas discriminatórias: I - a exigência de teste, exame, perícia, laudo, atestado, declaração ou qualquer procedimento relativo à esterilização ou a estado de gravidez; II - a adoção de quaisquer medidas, de iniciativa do empregador, que configurem: a) indução ou instigamento à esterilização genética; b) promoção do controle da natalidade, assim não considerado o oferecimento de aconselhamento ou planejamento familiar, realizados através de instituições públicas, privadas, submetidas às normas do Sistema Único de Saúde - SUS. Pena: detenção de um a dois anos e multa."

23.8. Lei nº 9.459, de 13 de maio de 1997

Esta lei alterou novamente os artigos 1º e 20 da Lei nº 7.716/89 e acrescentou um parágrafo ao artigo 140 do Código Penal.

As modificações feitas no artigo 1º determinaram a inclusão, em todos os tipos penais da Lei Caó, das discriminações ou preconceitos relacionados com etnia, religião e procedência nacional, além das que já eram previstas: raça e cor.

Cabe ressaltar que seria melhor que o legislador ordinário tivesse utilizado o termo procedência regional, e não procedência nacional, pois cresce a discriminação contra cidadãos de determinadas regiões do Brasil.[37]

Em relação às modificações que ocorreram nos §§ 1º, 2º, 3º e 4º, do artigo 20, reportamo-nos aos itens 23.4 e 23.5 deste Capítulo, pois o legislador apenas renumerou os incisos, reproduzindo as mesmas disposições legais.

Em um primeiro momento, analisaremos mais detidamente o *caput* do artigo 20, pois com esta previsão o legislador ordinário criou o tipo penal aberto para os crimes de discriminação, desde que envolvessem raça, etnia, cor, religião e procedência nacional. Após verificaremos a repercussão da modificação feita no tipo penal da injúria.

Pelo artigo 20, *caput*, desta lei, passou a ser crime, punido com reclusão de 1 a 3 anos, praticar, induzir ou incitar a discriminação ou preconceito de raça, cor, etnia, religião ou procedência nacional.

Assim, após aproximadamente 46 anos, conseguimos ultrapassar as restrições geográficas da Lei Afonso Arinos e as instrumentais da Lei Caó, mantendo o uso

---

[37] Em uma entrevista concedida à Revista Veja, Antônio Flávio Pierucci (1988, p. 3) demonstrou o quanto esse tipo de preconceito está crescendo no País e, com isso, as discriminações também são maiores. Destacamos esta parte de sua fala por ser bastante elucidativa: "...mais atrasado ainda, mais maligno, que é o preconceito de origem (...). E é isso que estamos vendo hoje, em lugares como São Paulo, em relação à população nordestina."

dos instrumentos de comunicação social e publicação de qualquer natureza como uma forma de discriminação qualificada (art. 20, § 2º).

Com a criação deste tipo aberto, os artigos 5º, 8º, 9º, 10, 11 e 12 da Lei nº 7.716/89, que descrevem condutas discriminatórias expressas: maneiras de *praticar* a discriminação, podem ser considerados formas de discriminações privilegiadas, uma vez que prevista a mesma pena de reclusão do novo artigo 20, mas não consta a pena de multa. Por outro lado, os artigos 3º, 4º, 6º, 7º, 13 e 14 que têm penas privativas de liberdade mais longas do que a do artigo 20, passam a ser discriminações qualificadas.

Os tipos abertos exigem uma complementação que "é realizada pela jurisprudência e pela doutrina, por não conterem a determinação dos elementos do dever jurídico cuja violação significa realização do tipo" (Mirabete, 1997, p. 48).

Em face disto, "o mandamento proibitivo não observado pelo sujeito não surge de forma clara, necessitando ser pesquisado pelo julgador no caso concreto" (Jesus, 1997a, p. 219).

No artigo 1º da Convenção Internacional sobre a Eliminação de todas as Formas de Discriminação Racial da qual, como já nos referimos antes, o Brasil é signatário, consta uma definição muito precisa do que deve ser considerado discriminação racial, sendo que os operadores do direito podem se embasar na mesma para preencherem o tipo aberto do artigo 20, ampliando para as questões relacionadas com a religião.[38]

---

[38] A parte do artigo 1º desta Convenção Internacional que traz a definição de discriminação tem a seguinte redação: "1. Nesta Convenção, a expressão 'discriminação racial' significará qualquer distinção, exclusão, restrição ou preferência baseadas em raça, côr, descendência ou origem nacional ou étnica que tem por objetivo ou efeito anular ou restringir o reconhecimento, gôzo ou exercício num mesmo plano, (em igualdade de condição), de direitos humanos e liberdades fundamentais no domínio político econômico, social, cultural ou em qualquer outro domínio de vida pública." (LEX - Coletânea de Legislação Federal, São Paulo, v. XXXIII, p. 2547, nov./dez. 1969).

Outra inovação bastante polêmica foi a introduzida pelo artigo 2º da Lei nº 9.459/97, que acrescentou um parágrafo no tipo penal da injúria (artigo 140 do Código Penal), nos seguintes termos: "§ 3º. Se a injúria consiste na utilização de elementos referentes a raça, cor, etnia, religião ou origem: Pena: reclusão de um a três anos e multa."

Como já tivemos oportunidade de frisar no item 3.1 deste Capítulo, um dos primeiros problemas detectados, quando da aplicação do texto original da Lei nº 7.716/89, era a classificação dada às ocorrências policiais feitas pelas vítimas: em torno de 80% dos casos envolviam crimes contra a honra - injúria ou difamação.

Assim, procurando dar uma resposta a este problema, o legislador criou a injúria qualificada, que logo ficou conhecido como injúria racial.

Inicialmente houve um repúdio à esta previsão, e o argumento utilizado era que não se poderia mais ter "*opiniões*" sobre ninguém. Reputamos totalmente inconseqüente este tipo de raciocínio.

A palavra *opinião* "sugere que todos os pareceres são equivalentes, tranqüiliza e infunde aos pensamentos uma feição inofensiva, assimilando-os aos gostos" (Sartre, 1978, p. 5). No entanto, não é possível que se chame de *opinião* adjetivos pejorativos, que difundem preconceitos e estereótipos indevidos, criando doutrinas que visam abertamente a pessoas definidas, com a única intenção de suprimir seus direitos constitucionalmente garantidos.

No entanto, algumas outras críticas são oportunas, uma vez que novamente o legislador incorreu em erro na maneira de solucionar esta forma de discriminação, por não levar em consideração todo o sistema penal.

Na elaboração desse § 3º do artigo 140 do Código Penal, não se obedeceu ao princípio da proporcionalidade que determina pela "própria coerência da ordem jurídica-penal por referência com a ordem valorativa constitucional, uma *certa* comparação entre os bens protegidos nos diferentes tipos legais e as respectivas penas" (Cunha, 1995, p. 213).

Entre os tipos penais previstos no Código Penal, "há delitos mais graves com pena comparativamente menor: constrangimento ilegal (art. 146), ameaça de morte (art. 147), abandono material (art. 244) etc." (Jesus, 1997b, p. 16). Em face disto, seria melhor que o legislador tivesse previsto uma majorante específica para os casos de injúria racial.

A previsão de pena privativa de reclusão de um a três anos para a injúria racial é demasiada, pois esperar que o discriminador não vá delinqüir unicamente por isso é muito ingênuo. Com efeito, "ele irá delinqüir, seja qual for a pena, desde que as oportunidades de impunidade lhe pareçam satisfatórias, desde que suas aquisições culturais lhe façam crer que o Sistema Penal não atuará no seu caso" (Araújo Jr., 1995, p. 81 e 82).

Houve a substituição do termo *"procedência nacional, como objeto de discriminação e preconceito, por origem, embora aquela conste no artigo 1º e não tenha o mesmo significado técnico desta, complicando a vida do estudioso"* (Ceneviva, 1997, p. 2).

Por outro lado, na prática não vislumbramos uma grande conquista para as vítimas de injúria racial, pois a ação será privada, trazendo as dificuldades já frisadas no item 3.1 deste Capítulo, quando tratamos dos problemas enfrentados, na fase do inquérito, pelas pessoas discriminadas.

Apesar de ser um crime formal, verifica-se que a dificuldade de provar o dolo será muito grande, pois este tipo de delito "requer a consciência de que o sujeito está ofendendo a vítima por causa de sua origem, religião, raça, etc." (Jesus, 1997b, p. 16). Assim, não bastará a prova do dolo específico[39] do crime contra a honra: "a consciência e vontade de ofender a honra alheia (reputação, dignidade ou decôro), mediante a linguagem falada, mímica ou escrita" (Hungria, 1945, p. 293), necessitando ser provado um *plus*, ou seja, a consciência da motivação da ofensa à honra.

Salientamos, entretanto, que sendo estas modificações ainda muito recentes não é possível tecermos considerações precisas sobre as repercussões práticas desta lei.

Como vimos no decorrer desse segundo capítulo, os artigos da Lei nº 7.716/89 "*sofreram diversos acréscimos e exclusões, nos sete anos de sua vigência, em virtude de dúvidas ou de críticas quanto à sua efetividade*" (Ceneviva, 1997, p. 2).

No entanto, apesar de que atualmente é maior a abrangência da lei penal antidiscriminatória, continuam não integrando o texto legal várias outras formas de discriminações que são motivadas por questões de gênero, estado civil, credo político, procedência regional, doenças,[40] deficiências mentais, deficiências físicas, etc.

---

[39] O dolo do crime de injúria simples já não era fácil de ser caracterizado, podendo ser excluído pela comprovação do *animus jocandi, animus consulendi, animus corrigendi, animus narrandi* e *animus defendendi* (Cf. Hungria, 1945, p. 295 a 298). Além do mais, as palavras são normalmente ambíguas e, por isso, podem significar inúmeras coisas. Em face disto, ficam facilitados os argumentos da defesa e, no mínimo, serão semeadas muitas dúvidas no julgador. Como sabemos, na dúvida a absolvição impõe-se.

[40] Como exemplo de um caso bastante sério, que mesmo com as modificações ocorridas na Lei Caó, face a Lei nº 9.459/97, ainda não estaria amparado no âmbito penal, citamos o seguinte acórdão: "CRIME RESULTANTE DE PRECONCEITO DE RAÇA OU DE COR - Diretora de escola que impede a matrícula de aluno, portador do vírus da 'AIDS' - Caracterização - Inocorrência: - Inteligência: art. 1º do Código Penal, art. 286 do Código Penal, art. 5º, XXXIX da Constituição da República, art. 232 do Estatuto da Criança e do Adolescente, art. 6º da Lei nº 7.716/89, art. 20 da Lei nº 7.716/89, art. 19, caput da Lei de Imprensa, art. 19, § 1º da Lei de Imprensa. Inocorre a figura penal prevista na Lei nº 7.716/89, relativa a discriminações de raça, cor, religião e etnia, na conduta de Diretora de escola que impede a matrícula de aluno portador do vírus da 'AIDS', vez que, o princípio da reserva legal é fundamental e inarredável em matéria de restrição de liberdade, exigindo-se que a Lei seja interpretada sem ampliações ou equiparações analógicas, salvo se for para beneficiar o réu." (RJDTACRIM - São Paulo, v. 28, p. 76, out./dez. 1995)

Por outro lado, considerando-se os tópicos desenvolvidos neste trabalho, nos capítulos I e II, estamos autorizados a afirmar que a experiência da criminalização de algumas formas de discriminação asseguraram o discurso, mas também podemos concluir "que não basta a existência de leis a expressar direitos, quando não se tem um amadurecimento nas práticas sociais capaz de absorver a matéria nelas veiculadas" (Bianchini, 1994, p. 317).

Com efeito, analisando-se os princípios inseridos na Constituição Federal de 1988, verificamos que o brasileiro demonstrou que estava preparado para reconhecer o direito à diferença, mas, posteriormente, descobriu "a duras penas que a questão não é apenas intelectual, ou seja, que não se resolve por reconhecimento, nem por direito" (Sodré, 1995, p. 6).

Assim, na seqüência deste trabalho, investigaremos o porquê da ineficácia das leis brasileiras nesta matéria, que não apresentaram, até o momento, melhoras significativas mesmo com os inúmeros remendos sofridos. Para tanto, levaremos em consideração a experiência de quase meio século de criminalização de condutas discriminatórias, pois na esfera penal existem leis desde 1951 - Lei Afonso Arinos.

Da mesma forma, verificaremos se é possível constar na lei penal todas as discriminações que se verificam diuturnamente no Brasil que, como todos sabemos, é um país "feito de desigualdades. Desigualdades social, econômica, cultural e racial" (Trentin, 1994, p. 98).

Capítulo III

Os limites do Direito Penal no combate à discriminação

No capítulo anterior, analisamos as modificações ocorridas na legislação antidiscriminatória vigente e verificamos que a lei penal não apresenta muita eficácia e, mesmo com todas as mudanças, ainda permanece incompleta.

Neste capítulo, aprofundaremos o estudo sobre as formas de construção e manutenção das discriminações no meio social, a fim de compreendermos o porquê da ineficácia, até hoje, das leis antidiscriminatórias existentes no Brasil, uma vez que "as práticas do cotidiano, entrementes, pelo que se pode observar, não se preocupam em tornar efetiva a letra da lei" (Bianchini, 1996, p. 220).

Para tanto, compararemos o modo como o assunto foi trabalhado pelos legisladores e como a discriminação ocorre na realidade. Nesta análise utilizaremos conhecimentos de outras ciências que já desenvolveram estudos sobre o racismo, preconceito e discriminação, como Sociologia, Antropologia, Psicologia, Filosofia e Lingüística.

Numa segunda etapa, aproveitando os conhecimentos elaborados pelas Ciências acima citadas, abordaremos especificamente os limites do Direito Penal no enfrentamento da discriminação e começaremos a reflexão para a abertura de novos caminhos, buscando soluções para este problema tão espinhoso para todos os brasileiros.

Por fim, faremos uma incursão no Direito Comparado, analisando a legislação de alguns países, com a única intenção de verificarmos como as demais nações estão abordando esse tema e o sucesso por elas atingido.

24. Nascimento e manutenção das discriminações no Brasil

A instalação de preconceitos e discriminações na vida cotidiana das pessoas é um problema tão antigo que dificilmente se separaria da história do próprio homem em sociedade.

Para a implantação da teoria do racismo e de preconceitos, hoje arraigados nos povos, contribuíram pessoas que, paradoxalmente, foram também responsáveis por muitos avanços da humanidade, como os grandes pensadores Aristóteles (Cf. JESUS, 1980, 179) e Montesquieu,[41] pois o primeiro entendia natural a escravidão, e o último, apesar de pregar o valor maior da liberdade, admitia a inferioridade do povo negro.

A partir de então, sempre existiram teorias para afirmar "cientificamente" discriminações injustas. No primeiro e no segundo capítulos deste livro já fizemos alusão a alguns brasileiros que ratificaram estas linhas de pensamento no Brasil.

Por outro lado, verificamos o quanto é difícil romper com algumas concepções instaladas na sociedade

[41] No livro décimo quinto, capítulo V, de seu mais famoso livro *O Espírito das Leis*, Montesquieu (1993, p. 264 e 265) assim se manifestou sobre a escravidão do negro: "Se eu tivesse que defender o direito que tivemos de tornar escravos os negros, eis o que eu diria: (...) Não nos podemos convencer que Deus, que é um ser muito sábio, tenha posto uma alma, principalmente uma alma boa, num corpo todo preto (*sic*). (...) Uma prova de que os negros não têm senso comum é que dão maior valor a um colar de vidro do que ao ouro, que, nas nações policiadas, é de tão grande importância (*sic*)."

brasileira. Com efeito, para demonstrar que o crime não está ligado à noção de raça ou que "não há correlação entre imigração e criminalidade" (Lyra, 1948, p. 18), muita caneta e horas de trabalho já foram despendidas por estudiosos do Direito Penal e da Criminologia, mas poucos resultados reais observam-se em relação à mudança de mentalidade do povo brasileiro.

Estamos tão habituados com o nosso racismo, agimos com tanta naturalidade quando negamos as evidências com que ele se apresenta na sociedade, que certamente um observador mais atento seria induzido a pensar que não estamos falando sério. Estes fatos autorizam-nos a afirmar que "o maior obstáculo à luta anti-racista no Brasil continua sendo a invisibilidade do próprio racismo" (Guimarães, 1996, p. 91).

No entanto, vivemos, atualmente, um momento histórico propício para que se colham vitórias nesta questão, pois "jamais como em nossa época foram postas em discussão as três fontes principais de desigualdade entre os homens: a raça (ou, de modo mais geral, a participação num grupo étnico ou nacional), o sexo e a classe social" (Bobbio, 1996, p. 43).

No Brasil, onde temos uma "sociedade heterogênea etnicamente, pode-se falar em discriminação múltipla e entrecruzada. Cada grupo sofre, cada um a seu turno, alguma forma de discriminação da parte dos outros, em bloco ou individualmente" (Ianni, 1972, p. 190 e 191).

Por outro lado, como somos um país continental, em cada região temos um tipo de discriminação e racismo diferenciados. Por exemplo, no Rio Grande do Sul o fenômeno da imigração produziu um racismo multifacetado, existem cidades onde as separações são mais visíveis, com valorização das origens italiana ou alemã, até para se conseguir um emprego.

Assim, a discriminação, como estratégia do poder econômico, ideológico e político, apresenta-se no Brasil, país com múltiplas etnias e correntes migratórias, "sob uma forma *combinada*, o que multiplica seus efeitos de alheiamento" (Maci, 1992, p. 15).

Estas ponderações iniciais conduzem-nos a uma evidência: "para fins políticos a fórmula racista não tem rival" (Luizetto, 1980, p. 5), uma vez que "a discriminação foi assimilada pelo senso-comum e difrata-se no mundo das práticas cotidianas, porque é uma espécie de saber-poder" (Sodré, 1995, p. 6).

O povo brasileiro insiste em afirmar que no Brasil somente haveria discriminação em função da classe social e não por motivos da cor da pele, sexo, religião, etc. Como mescla-se, nesta questão, o problema das sociedades competitivas, também os conflitos raciais, de gênero e os demais, devem ser verificados nestas condições de competição, uma vez que não podemos esperar que eles sejam removidos "sòmente quando se der uma transformação radical de tôda a nossa estrutura social. Mesmo em condições de competição alguma coisa pode ser feita" (Klineberg, 1966, p. 314).

Aliás, justamente por vivermos nesta luta diária contra tudo e contra todos é que continuamos "a ter que agir estereotipadamente frente a diversas situações; o culto da força e mesmo da violência não deixaram de existir; a competição é cada vez mais acirrada e a população excluída do mercado de trabalho e do consumo aumenta" (Crochík, 1995, p. 193).

Em nosso país, os prejuízos causados pela discriminação não provêm de comportamentos esporádicos, mas de uma forma costumeira de agirmos e pensarmos.

No entanto, negamos este fato veementemente, especialmente quando se trata da discriminação racial, pois este comportamento ainda é tido como um desvio de poucos; e, por isso, "o desafio mais crítico para aqueles que lutam contra o racismo no Brasil está justamente em convencer a opinião pública do caráter sistemático e não-casual dessas desigualdades" (Guimarães, 1995, p. 43).

Apesar de que as discriminações injustificadas estão se tornando cada vez mais, para quem as exerce ou apenas as tolera, uma marca de infâmia, elas ainda existem de forma marcante na sociedade brasileira. Obviamente não são assumidas, elas vêm fantasiadas de muitas maneiras, sendo que montaremos, na seqüência, o "quebra-cabeça" destas nossas discriminações, a fim de verificarmos o que colabora para a manutenção deste comportamento do brasileiro.

24.1. Inclusões precárias e marginais

Em face da competitividade diária e dos vários problemas relacionados com raça, gênero, pobreza, culturas diversas e desigualdades de toda espécie, verifica-se a marginalização crescente de muitas pessoas, "para as quais não há senão, na sociedade, lugares residuais" (Martins, 1997, p. 26), gerando inúmeras discriminações injustas.

Um exemplo bastante contundente deste fato são as crianças prostituídas. Ao mesmo tempo que elas se integram economicamente na sociedade, pois muitas sustentam suas famílias, elas estão excluídas moral e socialmente, sofrendo, em conseqüência, inúmeras discriminações.

Para estas crianças, a lei penal pouca ou nenhuma segurança poderá oferecer, pois, mesmo que o responsável pela prostituição, após processo criminal, venha a ser condenado, a vida da vítima-menor estará extremamente prejudicada, uma vez que "o controle penal intervém sobre os efeitos e não sobre as causas da violência, isto é, sobre determinados comportamentos através dos quais se manifestam os conflitos, e não sobre os conflitos propriamente ditos" (Baratta, 1993, p. 50).

Outra forma de inclusão precária é a assimilação forçada de culturas minoritárias, como a dos índios, pois não sendo reconhecido o direito à desigualdade, geram-se manifestações discriminatórias, as quais fazem "parte de técnicas de preservação de interesses e privilégios (...) que impedem ou dificultam a instauração ou expansão de relações democráticas" (Ianni, 1972, p. 243 e 244).

A discriminação em relação ao negro é sutil, marcada pela linha da cor da pele, sendo que ele próprio ingressa no discurso assimilacionista, não se reconhecendo mais como homem negro, mas como moreno, pardo, etc., diluindo-se "a negritude numa vasta escala de gradações que quebra a solidariedade, reduz a combatividade, insinuando a idéia de que a ordem social é uma ordem natural, senão sagrada" (Ribeiro, 1995b, p. 226).

Além do mais, a bandeira da mestiçagem brasileira, com a expectativa do desaparecimento do negro, é uma entre outras tantas "formas veladas ou mascaradas de discriminação, que não ousam mostrar-se claramente, mas que se manifestam de modo igualmente intolerante, constituem talvez o tipo mais insidioso de racismo, pois a responsabilidade criminal de tais condutas fica quase inviabilizada" (Bernd, 1994, p. 10).

O tipo de discriminação racial que não segrega de forma assumida, como a do brasileiro, é extremamente perigoso, porque tem a aparência externa de justiça e de imparcialidade: as "formas de ação da criminalidade moderna são civis, não corre sangue, só no final, talvez, haverá um pouco de agressão" (Hassemer, 1993, p. 89). Este tipo de criminalidade moderna, traz lesões imediatas para a vítima, que muitas vezes não consegue emprego ou moradia, porque é negro, mas de forma mediata lesa a sociedade toda, que perde muitos talentos, abortados pelas discriminações sofridas.

Falar de racismo é muito difícil, pois ele retorna de várias formas,[42] muitas vezes ligado à origem, e não

[42] Estas formas novas são sentidas em todo o mundo. Neste sentido: "Parlare di razzismo significa, perciò, concentrare l'attenzione sul fatto che le società ricche dell'Europa e del Nord America sembrano destinate a consolidare e riprodurre - insieme ai meccanismi tradizionali della disuguaglianza - nuovi processi e nouvi strumenti di segregazione." (Baldo, 1993, p. 13)

propriamente à raça, sendo exemplo disso "dois movimentos racistas que se apresentam de forma organizada perante a sociedade, buscando um, mais centrado em São Paulo, a expulsão dos nordestinos daquele Estado e outro, a separação dos estados do Sul do país da Federação brasileira" (Araújo, 1994, p. 73).

As mulheres organizaram-se e lutam arduamente para conquistar seus direitos civis, mas a discriminação em face do gênero ainda é muito grande, sendo que, apesar de a população feminina já significar "40% (quarenta por cento) da força de trabalho no País, continuam recebendo salários muito inferiores aos recebidos pelos homens mesmo quando exercem funções idênticas" (Trentin, 1994, p. 95).

Estas inclusões deformadas, na maioria das vezes reconhecidas como exclusões sociais, apresentam-se, como vimos antes, de diversas formas. Este fato, isoladamente, já tornaria difícil o combate das mesmas pelo Direito Penal em toda a sua extensão. No entanto, esta tarefa fica ainda mais complexa, porque a marginalização dessas pessoas é mantida por um trabalho silencioso com a colaboração de muitas áreas, como a família, a escola e outras instituições públicas e privadas.

Analisaremos algumas dessas instituições nos tópicos que seguem, sendo que não pretendemos esgotar o assunto, tarefa impossível, considerando-se os limites deste livro.

A nossa intenção, como já salientamos, é bem mais modesta: traçaremos um perfil generalizado de como as discriminações são sustentadas pelos brasileiros, para depois verificarmos como o Direito Penal pode se comportar frente a elas.

24.2. Os ensinos público e privado

O ensino privado e o ensino público contribuem de forma diversa para a instalação de vários estereótipos na sociedade brasileira. Por exemplo: a discriminação racial é reforçada nas crianças que estudam nas escolas privadas, maioria branca, que não tem oportunidade de exercitar o trato democrático com as crianças negras (minoria nestas instituições). Por outro lado, as escolas públicas também não estão preparadas para trabalhar esta questão, como reconhecido pelo governo brasileiro, no último relatório encaminhado ao Comitê para a Eliminação da Discriminação Racial - novembro de 1995.[43]

A maioria das discriminações que ocorrem na sociedade são ratificadas e sedimentadas pela Escola, porque as instituições de ensino não se preocupam em mostrar que o dilema de toda discriminação está na sua situação relacional: envolve o discriminado e o discriminador. Por não se levar o aspecto relacional em consideração, é que o problema da escravidão, na maioria das vezes, é tratado como se fosse só do negro.[44]

Por outro lado, o racismo é ensinado nas aulas de história brasileira, oportunidade em que há, na maioria das vezes, uma depreciação dos negros e dos índios, com uma valorização dos personagens e heróis brancos.[45] Quando o professor diz que o negro foi escravo,

[43] Nesta oportunidade, o governo brasileiro assim se manifestou: "Estudos têm demonstrado que as práticas de ensino da escola pública não contribuem para a eliminação dos estigmas da discriminação racial." (Brasil, 1996, p. 72).

[44] No Brasil, a escravidão do negro somente ficou importante após o genocídio dos escravos índios. Assim, para compreendermos a escravidão temos que abranger todas as suas etapas. Além do mais, tanto os brancos como os próprios negros contribuíram para o comércio dos negros vindo da África, pois muitos traficantes eram negros, "de tribos e etnias adversárias ou inimigas daqueles que estavam sendo vendidos" (Martins, 1997, p. 31).

[45] Estudos elaborados em salas de aulas brasileiras evidenciaram que a criança negra quando não consegue reagir à discriminação da instituição e de seus colegas, adota a postura de não falar, não se expor, sendo esta "uma estratégia interessante para não chamar a atenção, sobre si e ter condições de, de alguma forma, fazer parte de um grupo, em uma situação de discriminação" (Oliveira, 1994, p. 75). Não é difícil imaginar-se as conseqüências para esta criança, que teve um cruel rebaixamento de sua auto-estima, sendo tarefa mais complexa sabermos quais os reflexos que toda a sociedade pode sofrer com o somatório de fatos como este.

não se referindo, de forma contundente, ao fato de que esta parcela de povo foi trazida à força de suas terras e que seus costumes e hábitos tornaram-se proibidos, "a frase falseia verdade histórica e cria verdades de fundo ideológico racista. Serve de base para estereótipos" (Cunha Jr., 1996, p. 151).

Assim também, ao não se referir aos conflitos sangrentos que ocorreram em função da escravidão,

> "o cidadão comum, quando compara a história da sociedade brasileira com a história de outras sociedades, é levado a acreditar que nossas relações raciais não são conflituais. A fraqueza de nossas tradições históricas e políticas em denunciar discriminações contribui grandemente para solidificar esse mito" (Adorno, 1995, p. 47).

Os livros didáticos também reforçam padrões estereotipados, apresentando, entre outras coisas, a empregada da família como uma personagem negra, a mãe como dona de casa e o pai trabalhando.

A criança, na etapa escolar, está formando sua personalidade e, justamente nesta fase, há a cristalização de preconceitos, frutos de uma educação deformada. Desta forma, o futuro da nossa nação, das nossas crianças, fica extremamente prejudicado.

A dificuldade do povo brasileiro em assumir o seu racismo é também conseqüência dessa formação educacional. Assim, as poucas pessoas que conseguem não ser prisioneiras desses conhecimentos deformados, quando admitem o seu racismo, comparam-no com o que ocorre nos Estados Unidos e na África do Sul e concluem que não precisamos modificar nada, pois vivemos "em paz". Esta postura, além de reforçar o racismo brasileiro, impede que se busquem alternativas de mudanças, pois para que erradicar ou modificar o que é insignificante ou mesmo não existe?

24.3. Os processos de significação

A partir da mudança de concepção da língua como representação para a concepção da língua como estruturadora dos mundos objetivos (condição para o mundo aparecer como tal), o problema da verdade não é mais de adequação com o pensamento ou a realidade, passando a uniformização do sentido a ter relação com "um *fator normativo de poder, o poder de violência simbólica*" (Ferraz Jr., 1994, p. 276).

Na base da comunicação estaria o conflito e teríamos uma diversidade de sentidos para as palavras, face à multiplicidade das visões dos atores sociais. Para que exista o consenso e a comunicação aconteça, é necessário que se neutralize o tempo (as interpretações que vêm depois), que se neutralize a participação (neutralizo os outros e suponho o consenso) e que se neutralize o conteúdo (a ambigüidade e vagueza das palavras são desprezadas).

Este processo de persuasão é bastante demorado e, por isso mesmo, difícil de ser modificado. Da mesma forma, a estereotipação de um conceito[46] que "sempre transmite uma mensagem de dominação (aceitação de uma ideologia)" (Warat, 1995, p. 72), demanda muito tempo para ser revertido.[47]

---

[46] A estereotipação de um conceito ocorre quando "as propriedades conotativas são aparentemente verificadas em relação a alguns componentes da classe e logo se estendem retoricamente a todos. Assim, pretende-se comprovar a indolência em alguns 'homens de cor', para logo defini-los como seres essencialmente indolentes. Quando a definição persuasiva torna-se estereotipada apenas a menção do termo 'homens de cor' provoca reações negativas e prejudiciais. As funções ideológicas cumpridas pelos estereótipos devem-se, principalmente, ao fato de que por seu intermédio são vinculadas certas afirmações ao sistema de crenças dominante" (Warat, 1995, p. 73).

[47] É por isso que estamos autorizados a dizer que a linguagem é fonte rica de sedimentação da ideologia do racismo, uma vez que o nosso cotidiano "está instruído por palavras e frases do gênero: esclarecer; denegrir; a morte negra; o dia negro; o negro foi escravo; África, terra dos escravos; os escravos trazidos da África; a África tribal e distante" (Cunha Jr. 1996, p. 150).

Na fala dos brasileiros encontramos inúmeros exemplos de reafirmações de várias discriminações, entre elas: "sexo frágil" - relacionado à mulher; "programa de índio" - como uma ocasião desagradável; o branco relacionado com a inocência (o símbolo da paz é uma "pomba branca"), o negro relacionado com algo ruim ("serviço de preto"), entre outros tantos.

Assim, tendo ou não consciência disto, as pessoas quando repetem frases e palavras estereotipadas, como as exemplificadas acima, ajudam a perpetuar o valor negativo das desigualdades.

Além do mais, existe entre nós, brasileiros, um comportamento típico através do qual, frente a um sentimento de diferença, buscamos a superação pela piada, que só gera risos porque o grupo social está de acordo com a mensagem, pois "o riso implica em uma cumplicidade e identificação com a mensagem, configurando em uma aceitação, construindo uma sociabilidade que não se deseja" (Fonseca, 1994, p. 53 e 54).

No entanto, o humor abre um espaço para a incerteza, tanto que um estrangeiro não compreende inúmeras piadas brasileiras. Em face disto, é extremamente difícil no âmbito do Direito Penal provar-se o dolo do contador de piadas, justamente por esta incerteza sobre a mensagem não dita no discurso da piada.

24.4. *A legitimação da discriminação em alguns textos legais vigentes*

Em muitas oportunidades, como frisamos no Capítulo I deste livro, as nossas leis antigas utilizaram termos como infiéis, escravo, bons costumes, etc., para discriminar determinadas categorias de pessoas. Tal ainda ocorre nas leis em vigor.[48]

[48] Estudos sobre as várias desigualdades jurídicas relacionadas com gênero podem ser encontradas na Dissertação de Mestrado de Alice Bianchini: A (des) igualdade jurídica e política entre os sexos no direito constitucional brasileiro - Universidade Federal de Santa Catarina, 1994.

Também ocorrem discriminações veiculadas pelos doutrinadores do direito e pela jurisprudência, como por exemplo o silvícola dito inadaptado que é considerado inimputável, igualando-se, assim, aos portadores de deficiência mental incompleta ou retardada,[49] sendo utilizado um critério fundado "numa posição paternalista ou tutelar, e na suposição de uma pretendida inferioridade do indígena" (Cervini, 1992, p. 169).

Caso houvesse respeito a sua cultura, não seria considerado inadaptado, pois ele está plenamente adaptado aos valores de sua tribo. Nestas condições, sofrendo um processo criminal e ficando provado que sua cultura é totalmente diferente e incompatível com as leis vigentes, poderia ser absolvido por erro sobre os elementos do tipo penal.

Assim, essas posições doutrinárias, a jurisprudência e as leis devem ser revistas para que se evitem situações de discriminações injustas.

Face a tantas formas de discriminações existentes na sociedade brasileira a que estamos expostos desde crianças, não é de se estranhar que não percebamos estas desigualdades como algo incomum. O contrário é que seria de se estranhar, ou seja, a pergunta que se impõe é: por que algumas pessoas conseguem não ficar presas a estes sistemas de discriminador/discriminado? Com

[49] Nas decisões envolvendo índios, costumamos encontrar a seguinte divisão: Inadaptados e Aculturados, sendo que os primeiros são considerados inimputáveis, e os segundos, imputáveis. A seguinte decisão reflete esta situação: "O eminente Prof. Anibal Bruno, cuidando dos portadores de deficiência mental incompleta ou retardada, ministra a seguinte lição: A essas categorias de insuficientes devem ser assimilados os silvícolas não ajustáveis ao nível cultural da vida civilizada. Não há nada aí de patológico, ou teratológico, é claro, mas a ausência de adaptação à vida social do nosso nível, às normas complexas que a regulam, e aos critérios de valores dos nossos julgamentos, além da existência de certas tonalidades dos processos psíquicos desses indivíduos e de certos complexos efetivos, que os dirigem e os põem em condição de incapacidade de entendimento e orientação volitiva na qualidade e grau exigidos pelo Código (*Direito Penal*, 2ª ed., vol. I, t. II/137)" (TJSC - HC - Rel. Marcílio Medeiros - RT 508/405).

efeito, é extremamente difícil a imunização à discriminação e, para chegarmos a esta conclusão, basta que se reflita sobre estas questões:

> "Qual a parcela de todo o meu pensamento e de todas as minhas maneiras de ver as coisas e de fazer coisas que não está condicionado e co-determinado, em grau decisivo, pela estrutura e pelas significações de minha língua materna, pelas organizações do mundo que essa língua carrega, pelo primeiro ambiente familiar, pela escola, por todos os 'faça' ou 'não-faça' com que freqüentemente fui assediado, pelos meus amigos, pelas opiniões correntes e assim por diante... A instituição produz indivíduos conforme suas normas, e estes indivíduos, dada sua construção, não apenas são capazes de, mas obrigados a reproduzir a instituição." (Castoriadis *apud* Streck, 1994, p. 132).

Como vimos, apesar de ser antigo o problema dos preconceitos, estereótipos e discriminações injustificadas e injustas, o entendimento, o enfrentamento e a busca de soluções sociais e legislativas para estas situações, pelo menos no Brasil, é muito recente, sendo que chama a atenção o fato de o legislador ter utilizado inicialmente, de forma isolada, a área penal para esse combate, porque

> "sobretudo perante fenómenos sociais ainda mal conhecidos na sua estrutura e nas suas consequências - se deverá evitar uma intervenção prematura da tutela penal, em detrimento de um paulatino desenvolvimento de estratégias não criminais de controlo social" (Dias, 1992, p. 441).

No item seguinte, verificaremos quais as conseqüências do fato de o legislador ter utilizado o Direito Penal Promocional, adotando medidas penais nestas relações tensionais da sociedade que, apesar de serem graves, ainda não foram assumidas pelos brasileiros como um problema generalizado e nem tão urgente. Em face disto, o mecanismo penal controlador, com as graves conseqüências jurídicas que são inerentes ao seu exercício, fez-se "presente em áreas de conflito antes mesmo da actuação de outros mecanismos formais." (Franco, 1996, p. 181).

25. Ineficácia das leis penais antidiscriminatórias

Neste item, aprofundaremos as críticas sobre a ineficácia da legislação penal antidiscriminatória brasileira e procuraremos especificar os problemas mais evidentes, a fim de compreendermos melhor o porquê da sua precária eficácia, que se mantém há tantos anos. Posteriormente, verificaremos como o legislador abordou o assunto na lei em vigor e as possibilidades de eficácia, face ao atual texto legal.

Até o momento, pelo desenvolvimento deste trabalho, ficou evidenciado que a discriminação é a exteriorização de um processo baseado em fundamentos complexos do convívio social, e constitui um desafio às sociedades estruturadas na dignidade da pessoa humana, desafio esse que o legislador reclamou para si e ao qual está procurando dar uma resposta adequada, desde 1951.

Com efeito, a primeira solução do legislador foi apresentada há quase meio século, através da Lei Afonso Arinos, mas, na oportunidade, não se observou que a criminalização de um fato só é exata quando a sociedade já entendeu o seu caráter prejudicial, pois "no es correcto acudir a la intervención penal con el objeto de conseguir un efecto disuasorio más intenso respecto a infracciones de normas no suficientemente internalizadas por la conciencia social" (Puig, 1994, p. 156).

Naquela oportunidade, o legislador utilizou o Direito Penal com o papel promocional, que é destinado a outras áreas de um Estado Social e Democrático.

A indevida e antecipada intervenção penal, que se realizou de forma isolada, ocorreu até a promulgação da Constituição Federal de 1988, e demonstrou a quase absoluta ineficácia das leis antidiscriminatórias anteriores, traduzindo-se numa "desmoralização do próprio controle social penal. Em verdade, o Direito Penal não comanda e, muito menos, impulsiona as transformações sociais" (Franco, 1996, p. 181).

Na realidade, o Estado não procurou enfrentar efetivamente a questão das desigualdades materiais e descarregou toda a carga legislativa no Direito Penal, cancelando o princípio da subsidiariedade ou da *ultima ratio*, para valorizar a lei penal antidiscriminatória como *sola ratio* ou *prima ratio* para a solução social dos conflitos resultantes de discriminações. Com esta atitude, "a resposta penal surge (...) como a primeira, senão a única saída para controlar os problemas" (Hassemer, 1993, p. 48).

Assim agindo, acalmou a parcela da sociedade que pedia soluções, mais especificamente os movimentos negros.

Pela Constituição Federal de 1988, após uma pressão popular por mudanças, a prática do racismo foi considerada crime. Neste momento, verifica-se que a sociedade inicia a compreensão de toda a problemática da discriminação, bem como começa a perceber que a solução oferecida pelo legislador, não era adequada.

A nova resposta do legislador ordinário veio rapidamente, em 1989, com a Lei Caó.[50] No entanto, esta lei também não teve a eficácia desejada, representando

[50] Na época exigia-se do legislador uma posição a respeito e "nesses casos, os grupos que se encontram envolvidos nos debates ou lutas pela prevalência de determinados valores vêem a 'vitória legislativa' como uma forma de reconhecimento da 'superioridade' ou predominância social de sua concepção valorativa, sendo-lhes secundária a eficácia normativa da respectiva lei" (Neves, 1994, p. 34).

uma legislação simbólica,[51] oportunidade em que se confirmaram que estes valores sociais eram importantes, tanto que as condutas foram transformadas em crime e, mais do que isto, houve a demonstração da capacidade do Estado em adiar a solução real dos conflitos sociais resultantes das discriminações.

Com esta lei, fortificou-se a confiança do cidadão no respectivo governo, estabelecendo-se uma legislação-álibi e, através dela, o legislador procurou "descarregar-se de pressões políticas e/ou apresentar o Estado como sensível às exigências e expectativas dos cidadãos" (Neves, 1994, p. 37).

A função promocional e a função simbólica "representam graves distorções que distanciam o Direito Penal de sua verdadeira matriz: autorizam um Direito Penal de máxima intervenção" (Franco, 1996, p. 185). Essas duas funções fizeram com que a lei antidiscriminatória tivesse que ser "consertada", "emendada" várias vezes,[52] pois logo ficou evidenciada a sua ineficácia.

Em face deste processo, a Lei Caó já sofreu três modificações e tem apenas doze anos de vigência.[53]

---

[51] Esta legislação desempenhou uma função simbólica que se caracteriza "por dar lugar, mais do que a resolução directa ao problema jurídico-penal (a proteção de bens jurídicos), à produção na opinião pública da impressão tranquilizadora de um legislador atento e decidido, (...) para produzir um mero efeito simbólico na opinião pública, um impacto psicossocial, tranquilizador para o cidadão e não para proteger com eficácia os bens jurídicos fundamentais para a convivência" (Antonio Garcia-Pablos *apud* Franco, 1996, p. 182 e 183).

[52] Este fato é um dos que acarreta a "exagerada hipertrofia do direito criminal, em termos que põem em causa tanto a sua *legitimidade* como a sua *eficácia*." (Dias, 1992, p. 404).

[53] A lei antidiscriminatória penal é um exemplo da produção de "uma febre legislativa, decorrente da falsa crença de que produzindo-se uma alteração nas palavras da lei, transforma-se mecanicamente as práticas sociais e os sentidos normativos. Ocultam-se, assim, o fato de que se a ideologia dos intérpretes das normas continua inalterada, a transformação legislativa é uma ilusão e, rapidamente, os novos significantes voltarão a adquirir as velhas significações. A univocidade significativa pressupõe sempre uma prévia coincidência ideológica." (Warat, 1995, p. 68).

A última modificação ocorrida nesta lei acompanha a tendência moderna, com "grande crescimento na contestualização dos crimes. O legislador procura descrever todas as hipóteses imagináveis" (Hassemer, 1993, p. 90), desprezando-se, com isto, o alerta feito, há tantos anos, por Beccaria (1996, p. 128): "Proibir grande quantidade de ações diferentes não é prevenir delitos que delas possam nascer, mas criar novos".

Esta forma de legislar desrespeita o princípio da prevenção geral positiva, pois se a ameaça criminal não se sustenta em uma norma penal convincente pode "llegar a *devaluar* la vía penal, e incluso a generar una reacción social de repulsa hacia la misma y hasta de apoyo al delincuente" (Puig, 1994, p. 156).

Além do mais, como a prática de condutas discriminatórias injustas - *vide* item 1 deste Capítulo - é uma forma de atuar sistemática do povo brasileiro, as condenações passam a ser poucas, "por que o juiz sabe que foi pego apenas um entre milhares e, de certa forma, não pode aplicar todo o peso da lei nesse pobre coitado" (Hassemer, 1993, p. 94).

O rompimento com o sistema atual somente será possível, havendo o reconhecimento de que o Direito Penal é limitado para resolver o problema da discriminação brasileira, expondo-se as suas impossibilidades e não se deixando pensar pelos saberes estabelecidos. Portanto, as visões simplistas que a lei penal pode resolver os problemas sociais e que o aumento da pena privativa de liberdade vai ocasionar a diminuição dos crimes de discriminação têm que ser desfeitas.

Esta tarefa representará o nosso desafio na seqüência deste livro e, para tanto, inicialmente, verificaremos a confusão causada pelo legislador por não ter levado em consideração os ensinamentos sobre preconceito, racismo e discriminação já alcançados por outras Ciências.

26. Os parâmetros estabelecidos na Constituição Federal de 1988

Pelo artigo 5º, inciso XLII, da Carta Magna vigente, o legislador constituinte estabeleceu que a "prática do racismo" deveria ser considerada crime.

No entanto, não disse o que entendia por racismo, que é um termo não neutro, uma vez que é carregado de significados ideológicos, políticos, históricos e emotivos. Assim, racismo não é só a ideologia que conhecemos dos livros, pois "c'è un razzismo che si evolve, si modifica, si adegua ai tempi e alle mentalità" (Baldo, 1993, p. 11).

Esta variedade de sentidos das palavras é um dos problemas graves que o jurista enfrenta, pois a linguagem jurídica utiliza-se da linguagem natural, que é ambígua e vaga.

A vagueza e a ambigüidade do termo *racismo* seguramente foram fatores[54] que levaram muitos constitucionalistas, em seus comentários à Constituição Federal de 1988 - *vide* item 2.2, do Capítulo 2, desta dissertação -, dizer que não há racismo no Brasil, pois identificaram o significado desta palavra com o racismo que ocorre nos Estados Unidos e na África do Sul.

Por outro lado, também não foram estabelecidos os limites para a penalização do racismo, pois "aunque la Constituición reconozca un determinado bien, sería evidentemente contrario al principio de proporcionalidad protegerlo penalmente de todo ataque, incluso ínfimo, sin requerir un mínimo de afectación del bien" (Puig, 1994, p. 164).

[54] Orlando Soares (1990, p. 127) enfoca outros fatores para o não reconhecimento de seus colegas constitucionalistas da questão do racismo brasileiro: "Focalizamos esses e outros aspectos, inclusive no campo da criminalidade, em relação ao Brasil, onde alguns, por conveniente ingenuidade, e outros, por indisfarçável má-fé, sustentam inexistir preconceitos e discriminações raciais, como lembramos alhures."

Assim, o primeiro parâmetro para a criminalização da discriminação racial não foi preciso, sendo que isto já teve reflexos na legislação ordinária que, no texto original da Lei nº 7.716/89, não trouxe mais o termo *racismo*, mas "crimes resultantes de preconceitos de raça ou de cor".

Introduzem-se, desta forma, outras duas palavras, "preconceito" e "raça", que também não têm significados pacíficos. Por exemplo, raça é muitas vezes confundido com língua, origem, etc.

Prosseguindo na utilização de termos diversos, o legislador, nas sucessivas alterações da Lei Caó inseriu ainda o seguinte: "crimes resultantes de discriminação ou preconceito de raça, cor, etnia, religião ou procedência nacional", acrescentando, portanto, a palavra *discriminação*.

Verifica-se que, com esta forma de redigir os textos das leis antidiscriminatórias, o legislador utilizou termos distintos como sinônimos, sem observar a precisão técnica que tais palavras têm em outras áreas.

Tal distinção faz-se necessária não por preciosismo lingüístico, mas porque esta mescla de termos mascara os limites do Direito Penal, como verificaremos, a seguir, através dos conhecimentos destes temas em outras Ciências, como Sociologia, Psicologia, Lingüística, Antropologia e Filosofia.

27. Conceitos e diferenças entre racismo, preconceito e discriminação

No início deste século, o Direito Penal não pôde mais ficar isolado e foi buscar subsídios em outras Ciências, para que não surgissem leis totalmente divorciadas da realidade e sem possibilidades de aplicação, especialmente quando se tratavam de conflitos ainda pouco conhecidos nas suas causas e efeitos.[55]

Lamentavelmente, no caso das leis antidiscriminatórias penais isto não foi observado, e o legislador desprezou, entre outras coisas, o seguinte fato:

> "Para se estudar e entender o preconceito é necessário se recorrer a mais do que uma área do saber. Embora ele seja um fenômeno psicológico, aquilo que leva o indivíduo a ser preconceituoso ou não, pode ser encontrado no seu processo de socialização, no qual se transforma e se forma enquanto indivíduo" (Crochík, 1995, p. 15).

Em face da discriminação generalizada do brasileiro, este processo para ser entendido necessita dos conhecimentos de áreas como a Psicologia Social e a Sociologia que vêm "se orientando no sentido de abandonar a focalização unilinear do comportamento discriminatório, de modo a procurar apreender, além das condições sociais e culturais subjacentes às tensões raciais, também os seus componentes psíquicos" (Ianni, 1972, p. 192).

Por isso, vamos fazer o caminho inverso do legislador, ou seja, primeiro verificaremos quais as diferenças existentes entre racismo, preconceito e discriminação, buscando subsídios em outras Ciências e, depois, analisaremos quais os limites do Direito Penal para trabalhar com questões tão complicadas como estas.

---

[55] Esta nova concepção do Direito Criminal ficou conhecida como Direito Penal das conseqüências e surgiu com o desenvolvimento da Criminologia. Neste momento, passou a ser exigida a absorção das ciências sociais no Direito Penal, que não significava "um simples remendo de conhecimentos e questionamentos estranhos no sistema do Direito Penal. Mais do que isto, significava uma reestruturação do sistema mediante novos critérios de racionalidade e correção, de relevância e de justificação" (Hassemer, 1993, p. 42 e 43).

27.1. *Racismo*

O racismo não tem origem científica, e o homem não nasce com preconceito. A sua origem "é política, social ou econômica, sendo usada pelos indivíduos para justificar seus interesses, exploração econômica, ou com pretexto para a dominação política" (Carneiro, 1983, p. 18).

O tema do racismo é abordado por várias Ciências, tendo, conseqüentemente, inúmeros enfoques, entre eles:

a) enfoque psicanalítico: é feita a ligação entre o racismo e o ódio, que estaria presente em todos os seres humanos. Assim, identificando-se algo ruim, desprezível dentro de nós, projetamos para fora,[56] sendo que uma das formas disto evidenciar-se é pela não-aceitação da diversidade. A projeção foi pela primeira vez descrita por Freud em 1895, havendo estudos posteriores de vários psicanalistas.

b) enfoque político - o racismo é utilizado para conseguir e justificar atitudes de discriminação e perseguição contra as raças ditas inferiores.[57] Ele é entendido como a "referência do comportamento do indivíduo à raça a que pertence e, principalmente, o uso político de alguns resultados aparentemente científicos, para levar à crença da superioridade de uma raça sobre as demais" (Bobbio, 1995, p. 1059).

---

[56] Freud (1925, p. 237 *apud* Hinshelwood, 1992, p. 428) em seus estudos sobre a projeção, assim se manifestou: "Ficará dentro de mim - ou - ficará fora de mim. Como já demonstrei alhures, o ego original do prazer quer introjetar em si tudo o que é bom e ejetar fora de si tudo o que é mau". Assim, o racismo não dependeria "tanto da natureza do objeto racial quanto das próprias faltas e necessidades psicológicas do sujeito de, por exemplo, segurança" (Siebert, 1982, p. 12). Os estudos realizados no homem racista detectaram uma pessoa com medo de si próprio, "de sua consciência, de sua liberdade, de seus instintos, de suas responsabilidades, da solidão, da modificação da sociedade e do mundo; (...); um assassino que recalca e censura sua tendência ao homicídio sem poder refreá-la e que, no entanto, só ousa matar em efígie ou no anonimato de uma multidão;" (Sartre, 1978, p. 30).

[57] Neste sentido político o racismo está ligado a "*un sistema di distribuizione del potere... tale che un determinato gruppo vi accede... mentre altri... ne restano sistematicamente esclusi*" (Turner, 1984, p. 2 *apud* Baldo, 1993, p. 59).

c) enfoque filosófico - encontramos várias linhas de pensamentos filosóficos para explicar o racismo,[58] sendo que utilizaremos os conceitos selecionados por André Lalande (1968, p. 876 e 877), que define racismo da seguinte forma:

> "doctrine qui admet dans l'espèce humaine l'existence de races (...); et surtout 1º. qui considère ces différences comme les facteurs essentiels de l'histoire; 2º. qui fonde sur elles un droit pour les races (ou la race) supérieures de se subordonner les autres et même de les éliminer".

Ainda podemos encontrar enfoques sociológicos, antropológicos, etc., mas basicamente todos afirmam que o racismo é uma "teoria que sustenta a superioridade de certas raças em relação a outras, preconizando ou não a segregação racial ou até mesmo a extinção de determinadas minorias" (Bernd, 1994, p. 11).

O fenômeno é mundial, independente do sistema político adotado pelo país, pois encontram-se manifestações racistas em todos os regimes políticos.

No Brasil, a forma mais comum de racismo é baseada na cor da pele e surgiu filha do colonialismo (Cf. Santos, 1994, p. 39).

O racismo é também dividido em institucional, individual e cultural. Os estudos sobre racismo nos últimos vinte anos estavam voltados para o racismo individual, mas com a massificação das pessoas e globalização, a atenção dos especialistas centrou-se nas formas de racismo institucional e cultural.

No racismo institucional, dificilmente teremos um homem racista determinado e nem vítimas nominadas, certas. Por exemplo: uma empresa sistematicamente não

[58] Para Sartre (1978, p. 10 e 11) o racismo é uma paixão de afecção de ódio ou de cólera que "se antecipa aos fatos que deveriam suscitá-la, vai procurá-los a fim de se alimentar dêles, deve até interpretá-los à sua maneira para se tornarem verdadeiramente ofensivos".

emprega pessoas negras e determina que o empregado "X" faça a seleção para um cargo que deve ser preenchido, não sendo dito abertamente que os negros devem ser recusados, mas que o novo funcionário "não deve destoar da filosofia da instituição". O trabalhador que vai fazer a seleção pode não ter qualquer restrição em relação à cor das pessoas que se apresentarem, mas com medo de represálias irá cumprir a determinação e, como este gesto, atingirá qualquer pessoa negra que se apresentar para concorrer à vaga.

Também pode o racismo, conforme divisão de Joel Kovel *apud* James M. Jones (1973, 109), ser classificado em dominador (quando é visível o ódio racial, sendo que a pessoa estaria disposta "a utilizar a força para atingir seus fins"); e aversivo (apesar da pessoa acreditar na superioridade de uma raça, não manifesta ostensivamente, "tenta ser delicado, correto e frio em todos os contatos necessários entre as raças"), sendo a última forma mais encontrada no cotidiano do brasileiro.

O problema do racismo é de toda a sociedade, tanto do racista quanto da vítima,[59] uma vez que "ou bem há democracia para todos, ou não há democracia para ninguém, porque à opressão do negro condenado à dignidade de lutador da liberdade, corresponde o opróbrio do branco posto no papel de opressor dentro de sua própria sociedade" (Ribeiro, 1995b, p. 227).

As dificuldades para definir-se o que é racismo, bem como as formas como ele pode se apresentar, já demonstram a complexidade do tema.[60] Além do mais,

[59] Neste sentido já era feito o alerta por Sartre (1978, p. 87): "Já que somos culpados e que nos arriscamos de ser, nós também, as vítimas, necessário é que estejamos demasiado cegos para não vermos que o anti-semitismo é acima de tudo assunto nosso".

[60] A complexidade do tema do racismo foi percebida de forma muito interessante por Paulo Francis *apud* Baldwin (1967, p. 17) quando afirmou que em relação ao racismo "a pigmentação da pele de cada um é apenas um dos dados do problema". Efetivamente, o traço da cor da pele só tem "significado no interior de uma ideologia preexistente (para ser preciso: de

basicamente, todos os conceitos trazem a referência à raça, que também não é um termo cientificamente aceito, como veremos a seguir.

27.1.1. Raça

A primeira teoria sobre as raças de que se tem notícias foi a de Aristóteles, no século V a.C., afirmando que o clima frio diferenciava os povos. A paternidade das modernas teorias raciais é atribuída ao Conde Arthur Joseph de Gobineau (1816-82), sendo que ele mesmo admitiu que escreveu sobre este assunto para justificar a superioridade de sua raça (Cf. Klineberg, 1966, p. 3 e 5).[61]

A partir de então, desenvolveram-se várias teorias sobre a raça, algumas delas confundindo raça com língua dos povos (que é uma característica cultural e não determinada biologicamente), raça e nacionalidade, raça e religião, raça e cultura, raça e inteligência (os povos conquistadores geralmente consideram-se mais inteligentes que os dominados), etc.

Em todas as pesquisas que já foram feitas até o momento, relacionadas com os problemas raciais, não se chegou a um acordo geral sobre o significado da palavra *raça* e "não existe, por certo, outro campo de estudo no qual os têrmos tenham sido usados mais vaga e ambìguamente e o método científico tenha sido mais desvirtuado por preocupações de ordem social e política" (Klineberg, 1966, p. 17).

uma ideologia que cria os fatos ao relacioná-los uns aos outros), e apenas por causa disso esses traços funcionam como critérios e marcas classificatórios. (...) as pessoas têm cor apenas no interior de ideologias raciais, *stricto sensu*" (Guimarães, 1995, p. 34).

[61] Nem mesmo este fato é pacífico entre os estudiosos do tema raça, pois Stocking (1968, p. 29 *apud* Schwarcz, 1993, p. 47) afirma que o "termo *raça* é introduzido na literatura mais especializada em início do século XIX, por Georges Cuvier, inaugurando a idéia da existência de heranças físicas permanentes entre os vários grupos humanos".

A corrente de pensamentos que teve maior aceitação foi a que reservou o significado da palavra *raça* aos grupos humanos assinalados por diferenças físicas que podem ser transmitidas por herança,[62] tais como: cor da pele, cabelo, olhos, estatura, forma da cabeça e do rosto, estrutura do corpo, etc. Distinguem-se, assim, três grandes raças: branca, amarela e negra (Cf. Abbagnano, 1992, p. 977 e 978).

A indefinição do termo raça foi tão expressiva que, em 1967, a UNESCO insistiu na sua eliminação do uso corrente, salientando que "a variabilidade que caracteriza a espécie humana é fascinante, de maneira que as diferenças, longe de serem utilizadas como pretexto para justificar nossos preconceitos, deverão tornar-se motivos de interesse e maior compreensão" (Pacheco, 1983, p. 11).

A partir do século XX, começa-se a afirmar que "raças puras nunca existiram: um grupo humano que tivesse se mantido puro, sem se misturar com o outro, não sofreria *mutações* e, dentro de algum tempo, desapareceria" (Santos, 1994, p. 12). Também chegou-se à conclusão de "que não existe uma hierarquia racial consistemente apoiada por todos os dados de que dispomos, e que a crença de que uma raça é mais primitiva que outra não tem fundamento cientificamente aceitável" (Klineberg, 1966, p. 34).

Apesar de que "reconciliação, e não ódio, deve ser a última palavra da história da raça" (Siebert, 1982, p. 17), ela ainda é motivo de muitos conflitos mundiais, pois verifica-se que "nas várias esferas da organização

[62] Como desenvolveram-se estudos no sentido de que raça poderia estar ligada a capacidades mentais das pessoas, houve uma insistência maior na afirmação de que "el término raza en la clasificación científica se aplica únicamente a las características físicas de estirpes distintas y más o menos persistentes dentro de una espécie. Ningún ensayo ha sido hecho ni sería posible hacer para distinguir y definir la 'raza' sobre la base de capacidades fisiológicas y mentales" (Hrdlicka, 1953, p. 167).

social, nas relações de trabalho, na prática religiosa, nas relações entre os sexos, na família, na produção artística, no lazer e em outras situações, as raças são seguidamente recriadas e reproduzidas como socialmente distintas e desiguais" (Ianni, 1988, p. 72).

27.1.2. Etnocentrismo

Além da raça, um dos elementos que "está na raiz do racismo é o etnocentrismo, sentimento em que uma pessoa considera os valores do grupo ao qual pertence não somente como sendo superiores aos dos demais grupos, mas também como os únicos possíveis" (Bernd, 1994, p. 14).

27.2. Preconceito

O termo "*prejudice* [preconceito] deriva do latim *praejudicium*, de *prae*, que significa anterior, e *judicium*, que significa julgamento" (Jones, 1973, p. 54). Portanto, *preconceito* é "o 'conceito ou opinião formados antecipadamente, sem maior ponderação ou conhecimento dos fatos; julgamento ou opinião formada sem levar em conta os fatos que o contestam'. Trata-se de um prejulgamento (em francês, *préjugé*), isto é, algo já previamente julgado" (Bernd, 1994, p. 9).

Tanto como o racismo, o preconceito é estudado por várias áreas do conhecimento humano, mas deve-se à Psicologia[63] a melhor explicação de como se processa o preconceito em cada um de nós, uma vez que a preconcepção é uma capacidade humana de ter experiências psicológicas, sendo "uma entidade psicológica a espera de uma realização que se 'acasalará' com ela. A preconcepção 'inexperienciada', acasalada com uma rea-

[63] O psicólogo social James M. Jones (1973, p. 3) define preconceito como "*uma atitude negativa, com relação a um grupo ou uma pessoa, baseando-se num processo de comparação social em que o grupo do indivíduo é considerado como o ponto positivo de referência*".

lização, produz uma 'concepção' e, desta, pensamentos e o pensar podem se desenvolver" (Hinshelwood, 1992, p. 422).[64]

O preconceito pode aparecer também como "uma técnica de ajustamento entre os grupos étnicos a partir do reconhecimento necessário e prévio da existência de desigualdades sociais, expressas sob a forma de desigualdades *naturais*" (Cardoso, 1977, p. 278).[65]

Além do mais, o preconceito evolui através da idade do ser humano, "porque os indivíduos se ajustam às situações sociais de acordo com a densidade da própria experiência social acumulada" (Ianni, 1972, p. 107), ou seja, "incorporamos os objetos aos quais devemos reagir preconceituosamente, através de nossas relações com pessoas das quais dependemos, e os incorporamos por medo do que aconteceria, caso assim não o fizéssemos" (Crochík, 1995, p. 20).

27.2.1. Estereótipo

O estereótipo não se confunde com o preconceito, sendo apenas um de seus elementos. Com efeito, o preconceito é uma reação individual, enquanto o estereótipo "é, predominantemente, um produto cultural,

[64] Os estudos na área da Psicologia evidenciam que a preconcepção não exige a experiência e, inclusive, pode resistir a ela. Portanto, a única maneira de ultrapassarmos preconcepções irracionais é pelo conhecimento. Como o racismo do povo brasileiro é sustentado, na maioria de suas formas, por preconceitos, verifica-se que a educação tem mais a contribuir que a legislação penal. Em face disto, é necessário ainda muita luta e que tenhamos sempre a expectativa de que ocorra a conquista de consciências, pois o caminho a percorrer é longo.

[65] Em uma pesquisa realizada no Rio Grande do Sul pelo sociólogo Fernando Henrique Cardoso (1977, p. 278), que resultou no livro *Capitalismo e escravidão no Brasil meridional: o negro na sociedade escravocrata do Rio Grande do Sul*, houve a demonstração de como o preconceito pode ser perverso: os gaúchos brancos após a abolição da escravatura, para justificar as desigualdades existentes começaram a entender que "o negro, de inferior social na sociedade de castas, passava a inferior *biológico* na sociedade de classes" (Cardoso, 1977, p. 278).

mas que se relaciona diretamente com mecanismos psíquicos infantis" (Crochík, 1995, p. 25).

Os estereótipos "são clichês, chavões que são repetidos sem serem questionados. O estereótipo parte de uma generalização apressada:[66] toma-se como verdade universal algo que foi observado em um só indivíduo" (Bernd, 1994, p. 13).

Através de estereótipos, sempre há uma mensagem de dominação.[67] Ele pode se apresentar por signos "que clausuram, no ato de sua utilização, a instância conceitual, para persuadir através de uma forte carga ideológica e valorativa inserida em seu significante, exemplos dos quais são os termos democracia, judeu, subversivo"; ou por signos "mediante os quais são transmitidos os *standarts* valorativos da sociedade" (Streck, 1994, p. 97).

27.3. *Discriminação*

Discriminação é um termo de origem inglesa e é definido como "acte de distinguer l'un de l'autre deux objets de pensée *concrets*, soit psychologiques soit sensibles" (Lalande, 1968, p. 238).

A discriminação não se confunde com o racismo e nem com o preconceito. Com efeito, podemos discriminar alguém por motivos raciais[68] apesar de não sermos

[66] Como exemplo desta generalização, citamos o estudo antropológico feito por Roberto Cortez sobre como o índio é visto em Belém do Pará pelas pessoas que moram na zona urbana. Nesta pesquisa, ele verificou a criação de vários estereótipos para designar o índio, fazendo com que surja um imaginário coletivo, que se transforma em um problema real para todos os índios. Afirma que muitas vezes nega-se ao índio "o direito de opção, sobretudo o direito de permanecer índio e de contestar o que nós chamamos de civilização" (Castro Faria *apud* Cortez, 1975, p. 17).

[67] Esta mensagem de dominação é facilmente observada nos estereótipos nacionais e raciais que "são juízos de valor, sob a forma de representações ou imagens mentais, que indivíduos de um grupo humano fazem dos membros de outras raças ou nações e que, de ordinário, baseiam-se em impressões, opiniões, conjeturas ou em conhecimento incompleto e imperfeito" (Azevedo, 1966, p. 44).

[68] A discriminação racial "corresponde ao ato de apartar, separar, segregar pessoas de origens raciais diferentes" (Bernd, 1994, p. 10).

racistas - *vide* exemplo apresentado quando falamos sobre racismo institucional, no item 4.1; bem como o preconceito só se transformará em discriminação quando houver a manifestação física do mesmo.

Por outro lado, a discriminação é mais abrangente que o racismo, pois inclui além do problema racial também os de ordem sexual, social, econômica, religiosa, etc.,[69] ou seja, compreende todas "as ações destinadas a manter as características de nosso grupo, bem como sua posição privilegiada, *à custa* dos participantes do grupo de comparação" (Jones, 1973, p. 3).

Levando-se em consideração todos esses conceitos fornecidos pelas outras Ciências, analisaremos os limites do Direito Penal para tratar de questões como racismo, preconceito e discriminação.

28. O Direito Penal e suas limitações nesta matéria

Pelo estudo feito até este momento, podemos afirmar que as discriminações injustas são realizadas de muitas formas pelos brasileiros e não são condutas isoladas, por isso não deveria o legislador ter buscado a "solução fácil da via punitiva para erradicar problemas frente aos quais não se tentou ainda todas e cada uma das estratégias extrapenais aconselháveis" (Cervini, 1993, p. 108).

Com efeito, "se o mecanismo penal, com sua pesada máquina punitiva, fosse destinado a solucionar todos os atritos ou desvios de conduta, o convívio social seria sufocante, insuportável mesmo. Daí a necessidade de fixar-se o caráter e os limites da intervenção penal" (Franco, 1996, p. 175). Estes limites não se restringem aos da culpabilidade, "sino también por los de legalidad,

[69] A discriminação racial, a de gênero e a resultante de motivos econômicos e sociais são hoje as mais discutidas em todo o mundo, e buscam-se soluções para elas em várias áreas do conhecimento humano.

humanidad, proporcionalidad y resocialización y otros" (Puig, 1994, p. 140).[70]

No caso da lei antidiscriminatória, poder-se-ia argumentar que o legislador ordinário não tinha outra saída, pois pela Constituição Federal de 1988 houve a determinação de criminalizar a "prática do racismo".

No entanto, esse argumento não se sustenta, pois como não há uma identificação total dos valores constitucionais e dos bens jurídicos penais, dadas as diferentes funções que cada um exerce, a Constituição deve ser considerada apenas o "*quadro máximo*[71] de uma legítima intervenção penal, em conjunção com o respeito pelo princípio da proporcionalidade" (Cunha, 1995, p. 189).[72]

Somente as agressões mais fortes a este bem jurídico, selecionado constitucionalmente, acrescido da indispensabilidade e necessidade da via penal, legitimam a sanção criminal.[73]

Além do mais, não se pode abstrair a análise da eficácia prática da tutela penal, uma vez que é "dever

[70] O Direito Penal não pode ser considerado como "uma panacéia para solução dos males sociais, mas como a *ultima ratio* no concerto das medidas de controle social" (Mestieri, 1994, p. 443). Além do mais, "entre os penalistas considera-se como incontroverso que a criminalização de uma conduta tem freqüentemente por conseqüência a prática de novos atos puníveis para sua execução e encobrimento, incluindo-se também a extorsão" (Neves, 1994, p. 48).

[71] A proteção não é total, mas apenas de algumas agressões ao bem jurídico protegido pela Constituição. Assim, somente as formas mais graves seriam amparadas pela lei ordinária penal, que poderia ser modificada mais facilmente, uma vez que as maneiras de realização das agressão variam de época para época.

[72] A concepção de que o Direito Penal é o único instrumento hábil e idôneo para proteger determinados bens jurídicos induz o legislador constituinte a substituir-se "preventivamente ao legislador ordinário fazendo, por ele, e de forma quase sempre desastrada ou incorreta, as escolhas incriminatórias" (Franco, 1996, p. 179).

[73] Não se discute a importância da prática do racismo e os reflexos sérios que ela pode causar, mas importa destacar que não graduando as agressões, produz-se "una tendencia a la ampliación del Derecho penal que se contrapone al programa de despenalización progresiva que en otras materias se propugna en nombre del principio de intervención mínima del Derecho penal" (Puig, 1994, p. 152).

das ciências penais observar e apontar *se* e *onde* a moderna política criminal ainda é praticada para tutelar sólidos bens jurídicos, em vez de apenas difundir simbolicamente a promessa de eficácia" (Hassemer, 1993, p. 58).

Considerando-se a análise feita no item anterior deste trabalho, bem como a experiência frustrada de quase meio século de vigência de lei antidiscriminatória penal brasileira, identificamos dois limites, além dos já referidos acima, que devem ser aplicados a qualquer lei penal que pretenda combater a discriminação.

28.1. Primeiro limite: aplicação somente a condutas discriminatórias

O legislador utilizou os termos "prática de racismo", "preconceito" e "discriminação", sendo que apenas para condutas discriminatórias é cabível a utilização do Direito Penal.

Em relação ao racismo e ao preconceito cabem medidas persuasivas e não punitivas, uma vez que o primeiro é uma ideologia,[74] e o segundo é uma atitude interna dos seres humanos.

Com efeito, "o *indivíduo*, interiormente, no *forum internum*, pode ter preconceitos, sem que isso prejudique as relações humanas de que participa, já que o *animus*, o interior do homem, o *ato intransitivado*, é do domínio de ciência estranha ao mundo do direito" (Cretella Jr., 1990, p. 480).

Assim, enquanto o preconceito não se manifestar em comportamentos, condutas, será inviável a intervenção da órbita criminal,[75] pois o "controle penal intervém de maneira reativa e não preventiva. Com isto quero

---

[74] Além do mais, o termo *racismo* é muito vago, sendo difícil de se saber o que punir, não havendo sequer consenso do que seja raça, como já salientamos no item 4.1.1 *supra*.

[75] Podemos até reconhecer que com a proibição de algumas condutas discriminatórias na Constituição e leis ordinárias, o preconceito poderá ser inibido "quanto ao seu exercício, mas, não necessariamente na sua formação" (Crochík, 1995, p. 201).

dizer que ele intervém quando as conseqüências das infrações já se produziram, mas não efetivamente para evitá-las" (Baratta, 1993, p. 50).

A discriminação, por se manifestar em uma conduta, ou na vontade exteriorizada do homem, projetada no mundo, pode ser regulada pelo direito, desde que seja injusta e limite direitos constitucionalmente consagrados do indivíduo discriminado.

No entanto, também em relação a condutas discriminatórias, o direito penal somente poderá contribuir quando forem lesados bens e direitos definidos, como "vida, liberdade, propriedade, integridade física, enfim, direitos que podem ser descritos com precisão, cuja lesão pode ser objeto de um processo penal normal" (Hassemer, 1993, p. 95).

28.2. Segundo limite: gravidade da lesão do bem jurídico selecionado

No tópico anterior, identificamos como um dos limites do Direito Penal, nesta matéria, as condutas discriminatórias. Da mesma forma, ratificamos o fato de que, no Brasil, cometem-se muitas discriminações e elas são de toda ordem, como raciais, de gênero, por doenças, religião, origem das pessoas, etc.

Assim, caso o controle de todas as condutas discriminatórias fosse feito pela área criminal, haveria uma inflação legislativa, sufocando e engessando o sistema até o extremo de sua paralisia total.

Por isso, deve ser acentuado o caráter fragmentário[76] do Direito Penal, não se abarcando todas as discrimina-

[76] Caráter fragmentário no sentido que "o controle social penal não equaciona toda e qualquer relação tensional surgida na vida comunitária. Por viabilizar efeitos sancionatórios de extrema gravidade, deve ser reservado aos conflitos convivenciais de maior intensidade" (Franco, 1996, p. 175). Assim, mesmo que a Constituição determine a criminalização de uma conduta face à lesão de um bem jurídico, não é possível proteger esse bem ainda que "digno da tutela penal em toda a sua extensão, mas apenas nas situações mais graves e mais necessitadas de tutela" (Cunha, 1995, p. 339).

ções injustas, mas apenas as mais graves, ou seja, só tutelando-se os bens mais fundamentais e unicamente as modalidades de ataques mais perigosas para eles. É "importante salientar que a desqualificação de um facto como crime, não significa necessariamente a sua aceitação, nem sequer do ponto de vista da ordem jurídica, uma vez que ele pode permanecer ou transformar-se em ilícito face a outro ramo do Direito" (Cunha 1995, p. 142).

Portanto, além da natureza fragmentária do Direito Penal, deve ser verificada também a sua natureza subsidiária, ou seja, somente utilizá-lo "quando não existam outros meios eficazes, de natureza não penal, para salvaguardá-los" (Franco, 1996, p. 176).

Com efeito, para muitas condutas discriminatórias que são realizadas cotidianamente pelos brasileiros, a sanção criminal é demasiadamente "forte; o processo é lento e rígido demais; e, evidentemente, um veredicto de culpado, em si, não compensa a vítima" (Claiborne *apud* Eccles, 1991, p. 158).

Em face disto, outras áreas do Direito ou de Política Social poderiam ser mais eficazes para dissuadir determinadas ações discriminatórias.

28.3. Constatação do problema e a busca de soluções

O legislador não observou os fundamentos básicos do Direito Penal quando elaborou a lei penal antidiscriminatória, e isso ocasionou a sua ineficácia.

As inúmeras alterações da Lei Caó jamais solucionariam o problema da discriminação que, além de cultural, é praticada por grande parte da sociedade e não decorre unicamente "da falta de legislação tipificadora, mas sim, fundamentalmente, da inexistência dos pressupostos socioeconômicos e políticos para a efetivação da legislação penal em vigor"(Neves, 1994, p. 38).[77]

[77] Os estudos realizados pela pesquisadora Donna Gitter (1994) podem ser valiosos para o Brasil, pois ela comparou os sistemas legais francês e

O Direito Penal sozinho, sem a contribuição de outras áreas, não vai modificar as condutas discriminatórias sistemáticas do povo brasileiro, pois todo problema social não pode "ser reduzido à lei penal ou ao Código Penal, tido como única fonte para a aplicação da pena. Lei e Direito não são a mesma coisa, como Estado e Direito também não se confundem" (Streck, 1994, p. 48).

Levando-se em conta uma sociedade extremamente competitiva como a nossa, temos que ter em mente que "a igualdade de direitos jurídicos, sociais ou políticos exige que se lute para obtê-los" (Bernd, 1994, p. 42), sendo um erro imaginar-se que toda a batalha será ganha com o Direito Penal.

Um sinal bastante evidente de que a legislação penal estava sendo utilizada indevidamente foi a constatação de que não houve diminuição das condutas discriminatórias do povo brasileiro, com a promulgação da primeira lei antidiscriminatória - Lei Afonso Arinos, pelo contrário, verificou-se um aumento das mesmas, embora de forma mais sutil.[78]

Com efeito, o alto grau de violação de uma norma penal[79] "é sempre um sintoma preocupante, que nos deve levar a repensar a situação" (Cunha, 1995, p. 256).

americano em relação a discriminação racial no trabalho, sendo que o primeiro criminaliza estas condutas, de forma semelhante ao nosso sistema, e o segundo tem uma lei civil para enfrentar a questão. Ela concluiu que "a criminalização do racismo na França, que inicialmente pareceu ser o instrumento forte, não oferece mais proteção porque o ônus da prova é mais alto, na lei criminal, e porque, nesse tipo de regime legal, os casos são conduzidos pela promotoria pública" (Forbes e Mead, 1992, p. 7 *apud* Racusen, 1996, p. 199).

[78] Para exemplificar a utilização desta forma sutil de discriminação, que aumentou muito após 1951, citamos a seguinte conduta: ao invés de se utilizar o termo "pessoa branca" nos anúncios em jornais para preenchimento de vagas de empregos, como era feito antes da Lei Afonso Arinos, surgiu a expressão "ter boa aparência".

[79] O crime em muitas oportunidades "pode funcionar como o sinal de alarme, denunciando a necessidade de transformações normativas sob pena de colapso ou ruptura do sistema normativo. É o que, mais uma vez, se pode ilustrar com a violação sistemática a que esteve sujeita a 'lei seca' nos Estados Unidos" (Dias, 1992, p. 266 e 267).

Em face disto, o legislador não deveria ter insistido apenas na área penal, com intermináveis "remendos" na lei antidiscriminatória, mas também ter recorrido conjunta ou isoladamente a outros meios, pois a não-aplicação sistemática da sanção penal, paradoxalmente, fez com que aumentasse a discriminação civil.[80]

No entanto, a atitude do legislador foi exatamente no sentido contrário, além de fixar-se unicamente no Direito Penal, ampliou os tipos penais e aumentou as penas,[81] desprezando, assim, os princípios da subsidiariedade e fragmentariedade, criando, desta forma, uma legislação penal antidiscriminatória simbólica, pois sabia que os instrumentos utilizados não eram "aptos para lutar efetiva e eficientemente contra a criminalidade real" (Hassemer, 1993, p. 86).

O bem jurídico deve receber uma dupla proteção: "pelo Direito Penal e ante o Direito Penal que, usado exageradamente provoca precisamente as situações que quer combater" (Roxin *apud* Cunha, 1995, p. 221).[82]

Com a concentração da busca de soluções para a questão da discriminação unicamente na área penal, confirmou-se o maior mal endêmico de que sofrem nossas sociedades: "pretender ocultar sistematicamente

---

[80] Com efeito, "a não aplicação da sanção penal na maior parte dos casos de violação do tipo penal, terá um efeito negativo, quer do ponto de vista da prevenção especial (o que é evidente), quer do ponto de vista da prevenção geral, uma vez que a força dissuasora do Direito Penal será muito mais atenuada, pela generalização da convição de que a sanção raramente chega a ser aplicada. Também a prevenção geral em sentido positivo será atingida (em maior ou menor grau, consoante os casos), pois enfraquecer-se-á a confiança no Direito, por este não afirmar a força e seriedade das suas normas quando estas são violadas" (Cunha, 1995, pp. 257 e 258).

[81] O aumento significativo da pena privativa de liberdade nos tipos legais da Lei Caó, para delitos que caberia pena de multa ou outra pena alternativa, não tem qualquer sentido empírico, servindo, inclusive, de freio de muitas condenações. Com esta ação o legislador apenas criou uma ilusão de que estava reagindo contra a discriminação civil que se alastrava visivelmente.

[82] A hipercriminalização pode gerar uma grande insegurança social, pois "quanto maior for o número de condutas e de áreas criminalizadas, mais difícil será traçar a fronteira entre o lícito e o ilícito e, assim, o princípio da taxatividade deixará de exercer a sua função" (Cunha, 1995, p. 171).

certos conflitos valendo-se do sistema penal" (Cervini, 1993, p. 116).

O que precisa ser feito é invocar-se uma política nacional decisiva contra as discriminações injustas, sendo que o Direito Penal só pode contribuir com a parte que lhe cabe, e não com o todo.

Na legislação penal antidiscriminatória vigente, entendemos que há pouca coisa a ser acrescentada,[83] pois face ao artigo 20 da Lei nº 7.716/89, com a modificação feita pela Lei nº 9.459/97, criou-se o tipo penal aberto. Com isto, delegou-se a delimitação do tema, na órbita penal, à jurisprudência e à doutrina, que seguramente encarregar-se-ão de finalmente adaptar a lei penal aos princípios e limites do Direito Penal, possibilitando a eficácia desta legislação, como é esperado ansiosamente por todos há aproximadamente cinqüenta anos.[84]

Antes de analisar a experiência legislativa sobre esta matéria em alguns outros países, vamos, de forma sucinta, verificar como as outras áreas, especialmente do Direito, podem somar forças para a solução deste problema.

29. Contribuição de outras áreas

O reconhecimento de que o Direito Penal não é o único, nem muito menos o melhor instrumento de combate a todas as formas de discriminações injustas, devendo apenas abarcar as que lesem com maior gravidade o bem jurídico em questão, obriga-nos a fazer

[83] As verdadeiras modificações terão que se realizar em outras áreas, sendo que talvez o mais difícil seja convencer a opinião pública deste fato, pois "ainda se constata que a sociedade brasileira tem esperança de que as leis ou uma lei, 'terrena ou celeste', possa acarretar uma melhoria na qualidade de vida e realizar uma transformação social" (Fonseca, 1994, p. 70).

[84] No novo enfoque do Direito Penal, a pena não busca intimidar só o possível delinqüente, mas também afirmar a consciência social da norma, ou seja, que todos os cidadãos confiem na norma e na sua eficácia.

a advertência de que para se atingir um padrão melhor nesta matéria, deve ser alterada radicalmente a abordagem até agora existente, tornando-se "o ato de discriminar mais que um crime" (Eccles, 1991, p. 152).[85]

A área penal tem uma grande contribuição a fornecer e representou um avanço a elevação de algumas condutas discriminatórias à condição de crime, especialmente a discriminação racial; "contudo se observa, em nível mundial, que a letra fria da lei não é por si só suficiente para impedir a rejeição, e que o racismo volta sempre de cara nova, com outros discursos" (Bernd, 1994, p. 56).[86]

As pessoas não passarão a se comportar conforme o Direito, com maior respeito às diferenças que ocorrem na sociedade, diminuindo ou mesmo extinguindo as condutas discriminatórias "por obra do Direito Penal, e sim por efeito de normas sociais e de socialização primária" (Hassemer, 1993, p. 37).[87]

---

[85] No próprio ramo do Direito há outras áreas que poderiam com eficácia ser utilizadas para a repressão da discriminação, como o Direito Civil, Administrativo, etc. Por outro lado, acrescenta-se o fato de que o Estado possui "medidas de controlo social não especificamente jurídicas (podendo ainda, caso se apresente viável e necessário, vir a criar outros meios)" e que o meio penal é "o mais gravoso para os próprios direitos fundamentais das pessoas" (Cunha, 1995, p. 291).

[86] Justamente por causa destas constantes modificações das formas de realizarem-se as discriminações, que devemos sempre escutar as vítimas destes delitos, para que possamos saber onde e em que mudar. Neste sentido é a advertência feita por Baldo (1993, p. 22), quando estudou as discriminações ocorridas na Itália: "Ancora: valutare il peso in questo senso che assumono parole, gesti, comportamenti, non è qualcosa che possiamo fare solo noi. Dobbiamo sollecitare l'osservazione su di noi degli altri (gli immigrati, gli stranieri) e ascoltare; è qualcosa a cui non siamo abituati e che non ci verrà facile."

[87] A lei antidiscriminatória penal demonstrou que "a transformação do Direito, por si só, jamais seria bastante para produzir uma transformação geral. Poderia, no máximo, desencadear algumas iniciativas, mas quaisquer pretensões - mais amplas teriam que abranger outros aspectos da organização social, seja na sua produção, seja na sua reprodução. Pretender o contrário, seria produzir um Direito sem nexo com a Sociedade, fadado a ser recusado por ela, não a transformá-la" (Bianchini, 1994, p. 336).

Este aprendizado da "tolerância não é uma posição contemplativa, dispensando as indulgências ao que foi ou ao que é. É uma atitude dinâmica, que consiste em prever, em compreender e em promover o que quer ser" (Lévi-Strauss, 1970, p. 269).

Por isso, a luta contra a discriminação no Brasil só será efetiva com a incrementação de estratégias e políticas públicas em outras áreas além do Direito Penal,[88] como nos campos de educação, cultura, saúde, mercado de trabalho, meios de comunicação, etc., sendo que algumas destas analisaremos a seguir.

29.1. As diversas áreas do Direito

Todas as áreas do Direito são importantíssimas para o enfrentamento desta matéria, uma vez que as "medidas legislativas contra a discriminação diminuirão o respeito que se dedica ao preconceito, suprimindo completamente algumas das suas piores conseqüências" (Rose, 1972, p. 193).

Precisamos modificar o pensamento de que somente as condutas proibidas no âmbito penal representam ilícitos, uma vez que não é porque uma conduta é proibida na área administrativa ou civil que pode ser considerada menos importante. O ilícito é um só, sendo que se utilizará a área do Direito que maior efetividade fornecer com menos custos para a sociedade.

---

[88] Em algumas regiões do Brasil, como a Bahia, já se observam mudanças de visões por parte das autoridades e da sociedade civil, com um respeito maior às minorias, uma vez que não há uma repulsa muito grande em relação aos casamentos homossexuais. Da mesma forma, mudaram-se os currículos das escolas para inclusão de heróis negros, há um controle do número de negros nos comerciais da televisão, para que eles fiquem visíveis e passou a ser respeitado o percentual de 5% de vagas para deficientes em concursos públicos. Os baianos descobriram com estas atitudes que a "preocupação com o direito dos mais fracos começa a criar um ambiente melhor para todos" (Bernardes, 1994, p. 56).

Com efeito, "realmente, não há distinção ontológica entre o *delito penal* e o *delito civil*. A ilicitude é uma só (...). O problema é antes valorativo" (Noronha, 1997, p. 107).

No entanto, o Direito não tem sido suficientemente exercitado, pois a legislação penal ainda resta quase isolada no combate à discriminação.[89]

No futuro, esta questão deverá ser enfrentada de uma forma global, e não apenas como casos isolados, inseridos em processos crimininais.[90]

Para tanto, além das disposições gerais sobre a não-discriminação injusta, deve ser reconhecido o direito à diferença e serem efetivadas medidas para se atingir a melhor igualdade material, pois ainda não rompemos com os sistemas difusos da discriminação.

Existem estudos sendo feitos para que seja viável punir a criminalidade moderna por outros campos do Direito que não o Direito Penal.

Neste sentido, Winfried Hassemer (1993, p. 83-97) propõe o desenvolvimento de uma nova área do Direito - Direito Interventivo -, que estaria numa zona fronteiriça entre Direito Administrativo, Direito Penal, Direito Civil (responsabilidade civil por atos ilícitos) e o campo do Direito Fiscal, justamente para abarcar situações de criminalidade moderna, cujo dolo é muito difícil de ser provado, entre as quais incluímos os problemas de discriminações institucionais.

---

[89] Além de algumas leis estaduais, como a Lei nº 1.814, de 21 de abril de 1991, do Rio de Janeiro (que estabelece sanções de natureza administrativa aplicáveis a qualquer tipo de discriminação em razão de etnia, raça, cor, crença religiosa ou por ser portador de deficiência) e Constituições Estaduais de alguns Estados do Brasil (Constituições dos Estados do Espírito Santo - artigo 3º, parágrafo único; Santa Catarina - artigo 4º, IV, e Rio de Janeiro - artigo 9º, que prevêem sanções administrativas para algumas condutas discriminatórias), não há outras leis que tratem da discriminação, sob um ângulo que não seja criminal.

[90] O Poder Judiciário somente pode julgar os casos de discriminação que forem selecionados pelo sistema e, nestas situações, comprovado o dolo do discriminador ele será condenado. No entanto, a sociedade brasileira precisa mais de prevenção do que de punição.

29.2. Políticas públicas e sociais: promoção da igualdade

Como a sociedade brasileira não se reconhece discriminadora, há uma dificuldade maior de se "convencer e induzir os governos para incrementar políticas públicas[91] em benefício das vítimas" (Munanga, 1996, p. 81).

Estas medidas não devem ser somente as "antidiscriminatórias (o que, no máximo, pode assegurar algum resultado contra discriminações futuras), mas sobretudo políticas de *promoção da igualdade* (o que abre a possibilidade de equacionar inclusive as discriminações do passado)" (Silva Jr., 1996, p. 228).

A discriminação legal não pode ser "gratuita ou fortuita. Impende que exista uma adequação racional entre o tratamento diferenciado construído e a razão diferencial que lhe serviu de supedâneo" (Mello, 1997, p. 39). Por isso, a promoção da igualdade deve ser assegurada em bases muito firmes, a fim de que sejam tratadas de forma desigual as pessoas, na medida de sua desigualdade e, assim, se alcance a igualdade material.[92]

A própria Constituição brasileira autoriza essas discriminações positivas "com o objetivo de criar melhores condições para um determinado grupo, tradicionalmente não privilegiado dentro da sociedade" (Brasil, 1996, p. 14).[93]

[91] Os brasileiros atribuem que o surpreendente malogro das pessoas "de pele escura (que não conseguem ascender na escala sócio-econômica) deve-se a barreiras sociais e não raciais. Desde que tais barreiras existem igualmente para milhões de brasileiros 'brancos', os formuladores da política não vêm porque devam oferecer ajuda especial a uma minoria racial determinada" (Skidmore, 1976, p. 232). Por isso até o momento nada se fez pela população negra, sendo que a sociedade brasileira "negou-lhe a posse de qualquer pedaço de terra para viver e cultivar, de escolas em que pudesse educar seus filhos, e de qualquer ordem de assistência. Só lhes deu, sobejamente, discriminação e repressão" (Ribeiro, 1995b, p. 222).

[92] Igualdade material no sentido de igualdade de oportunidades que "tem como objetivo colocar todos os membros daquela determinada sociedade na condição de participar da competição pela vida, ou pela conquista do que é vitalmente mais significativo, a partir de posições iguais" (Bobbio, 1996, p. 31).

[93] Exemplo destas possibilidades está nos artigos 7º, XX; 37, VIII e 145, § 1º, da Constituição Federal de 1988.

No entanto, enquanto não houver um real poder dessas minorias, a discriminação prosseguirá, e a participação não será efetiva.[94] Este fato é que dificulta a resolução do paradoxo do significado da igualdade para aqueles considerados como diferentes no contexto social.

Assim, num primeiro momento deverão ser reconhecidas as diferenças para, posteriormente, aplicarem-se as políticas positivas selecionadas, com a finalidade de transformarem-se as condições iniciais, gerando uma igualdade que se poderia chamar da "melhor igualdade material", uma vez que "a obtenção de uma igualdade que, efetivamente, nivele os homens colocando-os par a par, resulta, ao que se percebe, desprovida de possibilidade" (Bianchini, 1996, p. 206).[95]

29.3. Educação

Tanto a família quanto a escola têm papel importante na formação de uma pessoa. Uma política séria sobre os currículos escolares, investimento em cursos para preparação de professores, a fim de habilitá-los para tratar a questão da discriminação, e uma revisão nos livros escolares somariam forças para que os brasi-

---

[94] A igualdade de oportunidades somente poderá existir quando "a provisão de recursos financeiros e educacionais bem como instalações especiais para aprendizagem forem instituídas como uma base para participação (ou competição) efetiva" (Blajberg, 1996a, pp. 20 e 21).

[95] Durante todo o desenvolvimento da história do homem não se conseguiu atingir um patamar considerado satisfatório para o tema da igualdade, sendo que a igualdade total levaria a injustiças, pois não se valorizariam as diferentes contribuições de cada indivíduo. Nesta linha de pensamento, Heimann *apud* Ralf Dahrendorf (1981, p. 241) procura demonstrar que liberdade e igualdade são conciliáveis, afirmando que a história política já demonstrou que os extremos levam ao fracasso: "vê o fracasso de ambos os extremos da autonomia racional - a saber, do liberalismo ou individualismo e do marxismo ou comunismo -, no fato de que 'destruíram a igualdade ao desenvolver a liberdade e perderam a liberdade ao conseguir a igualdade pela força'. Por conseguinte, ambas as democracias, 'a liberal e a total' falharam".

leiros tivessem maiores condições de convívio e respeito com a diversidade.

Com efeito, não são somente as formas mais ostensivas de atitudes sociais que desencadeiam as discriminações, há também as que são sutis, mas não menos eficientes para o desenvolvimento dessas atitudes.

A escola poderia auxiliar muito para a diminuição das formas sutis de discriminações, pois elas são o resultado da aprendizagem automática e inconsciente de atitudes que estão numa hierarquia de valores. "Essa orientação de valor inclui: certo oposto a errado, melhor oposto a pior, moral oposta a imoral, bom oposto a mau, e assim por diante. Uma grande parte da educação de qualquer criança se concentra na socialização desses sistemas de valor" (Jones, 1973, p. 100).

Da mesma forma, a maneira como se aprende a história de uma nação possibilitará um maior respeito à cultura de todos os povos que contribuíram para a sua formação.[96]

Cesare Bonesana Beccaria (1996, p. 135) também entendia que o caminho mais seguro para a prevenção de delitos passava pela educação. Por isso o governo deveria incentivá-la para que não se transformasse em um "campo estéril, só cultivado aqui e ali por alguns poucos estudiosos, até nos mais remotos séculos da felicidade pública".[97]

[96] Numa aula de História, a professora poderá desmitificar ou reforçar em sua natureza ideológica, o conceito de Integração, que "não passa de uma abstração que se contrapõe às formas concretas de resistência indígena, face aos processos expansionistas da sociedade brasileira" (Halfpap, 1979, p. 122). Assim como, através dos conhecimentos da Biologia facilmente a criança ficará sabendo que a melanina determina a cor da pele das pessoas e que isto é devido à adaptação do homem ao mundo em que vive. Verifica-se que o conhecimento é muito importante para desmontar os preconceitos.

[97] Sartre (1978, p. 84) já não era tão otimista sobre os efeitos da educação, sendo que ao responder como agir contra o racista assim se manifestou: "os programas ordinários e, em especial, a propaganda e a instrução não são desprezíveis. Seria de desejar que a criança recebesse na escola uma educação que lhe permitisse evitar os erros (...). Cabe temer, todavia, que os resultados sejam puramente individuais".

29.4. Linguagem

As discriminações sempre se sustentam, se reproduzem e se perpetuam em discursos, que "são perigosos mais por aquilo que nos *obrigam* a dizer do que pelo que nos *proíbem* de dizer" (Bernd, 1994, p. 6), uma vez que "o poder da palavra é o poder de mobilizar a autoridade acumulada pelo falante e concentrá-la num ato lingüístico" (Bourdieu, 1977 *apud* Gnerre, 1994, p. 5).[98]

Em face disto, o estudo da função social da linguagem passou, nas últimas décadas, a preocupar os lingüistas, e foram valorizados temas como: "o uso da língua pelos homens porque vivem em comunidades e necessitam comunicar-se entre si, estabelecer relações de tipos diversos, agir uns sobre os outros" (Petri, 1994, p. 43).

O dicionário da língua portuguesa "registra, através das conotações dos termos, os usos e costumes, portanto, igualmente os estereótipos e os preconceitos correntes que se agregam aos significados denotativos das palavras" (Epstein, 1993, p. 100).

Portanto, a linguagem também tem um papel importante para que sejam modificadas atitudes discriminatórias dos brasileiros.

29.5. Meios de comunicação de massa

Os meios de comunicação de massa contribuem significativamente para a educação informal do povo e, assim, poderiam ajudar a derrubar muitos estereótipos.

No entanto, atualmente observa-se exatamente o contrário, pois os preconceitos e os estereótipos, ambos fontes ricas para o desencadeamento de condutas discri-

[98] Com a linguagem são revelados os papéis assumidos "pelos indivíduos ou pelo grupo, transformando-se em uma forma de representação mental. Através de um conjunto de palavras pejorativas, a Igreja e o Estado sustentaram uma situação racista encoberta por argumentos religiosos e por justificativas de preocupações com o bem estar do povo" (Carneiro, 1983, p. 231 e 232).

minatórias, são aprendidos e "transmitem-se através dos meios de comunicação com as massas, como os jornais, o rádio, os textos escolares, etc. e são freqüentemente aceitos sem críticas pelo público, variando o grau de sua aceitação com as medidas tomadas para eliminá-los" (Azevedo, 1966, p. 45).

O racismo brasileiro, por exemplo, é reforçado pela ausência, nas publicidades, dos indivíduos negros e também pelos papéis de pessoas simples e submissas que lhe são destinados nas telenovelas. "Age-se como se eles não existissem, como se fossem socialmente insignificantes, seja em número, seja economicamente" (Trentin, 1994, p. 92).

Pelo que foi desenvolvido até o momento neste livro, verificamos que não só o Direito Penal pode contribuir para que se consiga uma sociedade com menos discriminação. As áreas referidas acima, bem como inúmeras outras, devem e podem oferecer a sua contribuição.

Como é importante sabermos de que forma a discriminação está sendo recepcionada pela legislação de outros países, uma vez que este problema não é privilégio unicamente do Brasil, analisaremos, na seqüência, as leis antidiscriminatórias de algumas outras nações.

30. O combate à discriminação no Direito Comparado

O Direito Comparado pode fornecer elementos significativos a respeito da maneira como os demais países estão abordando o tema da discriminação e do sucesso por eles atingido.

Assim, analisaremos brevemente algumas legislações estrangeiras, ressaltando que temos consciência de que as condutas discriminatórias mudam de cultura para cultura, por isso a experiência de outros povos jamais poderá ser examinada sem a devida contextualização.[99]

Em nossa pesquisa, verificamos que muitos países optaram pela criminalização de algumas condutas discriminatórias, enquanto outros primaram mais pela abordagem desta questão no âmbito civil e das políticas públicas. São exemplos destes últimos os Estados Unidos e a África do Sul,[100] justamente os dois países onde as discriminações raciais foram mais assumidas entre os cidadãos. Talvez por isto a preocupação desses governos foi para que se instalassem as ações afirmativas, deixando para segundo plano a área da repressão.

O governo brasileiro trilhou exatamente o caminho contrário. No entanto, "comparando-se as experiências brasileira e norte-americana, conclui-se que apenas de-

---

[99] As discriminações racial e de gênero estão sendo estudadas há mais tempo por outros países da Europa e também pelos Estados Unidos. Assim, para quem vai trabalhar com questões que envolvam os direitos civis, que não é o nosso propósito neste livro, é importante saber o que está sendo desenvolvido nestes países a fim de que possa se inspirar para as reformas urgentes que se fazem necessárias no Brasil. Salientando que "inspiração não significa copiar, mas podemos, a partir da experiência positiva ou negativa feita pelos outros, inventar nossas próprias soluções" (Munanga, 1996, p. 93).

[100] Na Constituição da África do Sul, após a abolição oficial do regime do *apartheid*, o item que dispõe sobre a igualdade, admite a possibilidade de ações afirmativas para se atingir a igualdade material, sendo que passamos a descrever o mesmo, ressaltando que se trata de uma tradução livre: "Igualdade- 9. (1) Todos são iguais perante a lei e têm direito a igual proteção e benefícios da lei. (2) A igualdade inclui o gozo pleno e igual de todos os direitos e liberdades. A fim de promover a realização da igualdade podem ser tomadas medidas legislativas ou outras, destinadas a proteger ou fazer avançar pessoas, ou categorias de pessoas, desfavorecidas por discriminação injusta. (3) o Estado não pode discriminar alguém de maneira injusta, direta ou indiretamente, sob um ou mais motivos, seja por raça, gênero, sexo, gravidez, estado civil, origem étnica ou social, cor, orientação sexual, idade, deficiência, religião, (objeção de) consciência, crença, cultura, idioma ou origem. (4) Ninguém pode discriminar a outrem injustamente, direta ou indiretamente, sob um ou mais motivos nos termos da seção (3). A legislação nacional deve promulgar decretos a fim de prevenir ou de proibir a discriminação injusta. (5) A discriminação sob um ou mais motivos enumerados na secção (3) é injusta a não ser que seja estabelecido que a discriminação é justa." (Constitution of the Republic of South Africa, 1996, p. 8).

clarar ilegal a discriminação (...) não é suficiente" (Eccles, 1991, p. 143).

Analisaremos, a seguir, a abordagem penal e constitucional sobre a discriminação, efetuada em alguns países.

30.1. Portugal

O legislador português realizou uma revisão no Código Penal, levada a efeito pelo Decreto-Lei nº 48, de 15 de março de 1995, reestruturando os crimes de genocídio e de discriminação racial, "para dar satisfação à Convenção Internacional sobre a Eliminação de todas as Formas de Discriminação Racial, das Nações Unidas" (Gonçalves, 1996, p. 724), inserindo os mesmos no Título que trata dos Crimes contra a Paz e a Humanidade (arts. 236 a 345).

Neste aspecto, há uma distinção grande entre a legislação brasileira e a portuguesa, uma vez que a última optou por inserir no próprio Código Penal os delitos de discriminação racial e do genocídio. Por outro lado, também para eles as modificações mais profundas sobre esta matéria são recentes, pois datam de 1995.

O crime de genocídio está previsto no artigo 239[101] do Código Penal português, de forma bastante semelhante à disposta na lei brasileira - Lei nº 2.889, de 1º de outubro de 1956 - *vide* item 11 do Capítulo I, deste livro.

[101] O genocídio está previsto da seguinte maneira no Código Penal Português: "Artigo 239º *(Genocídio)* - 1. Quem, com intenção de destruir, no todo ou em parte, grupo nacional étnico, racial ou religioso, como tal, praticar: *a)* Homicídio de membros do grupo; *b)* Ofensa à integridade física grave de membros do grupo; *c)* Sujeição do grupo a condições de existência ou a tratamentos cruéis, degradantes ou desumanos, susceptíveis de virem a provocar a sua destruição, total ou parcial; *d)* Transferência por meios violentos de crianças do grupo para outro grupo; ou *e)* Impedimento da procriação ou dos nascimentos no grupo; é punido com pena de prisão de 12 a 25 anos. 2. Quem, pública e directamente, incitar a genocídio é punido com pena de prisão de 2 a 8 anos. 3. O acordo com vista à prática de genocídio é punido com pena de prisão de 1 a 5 anos." (Gonçalves, 1996, p. 724).

O Direito português escolheu a área criminal apenas para o enfrentamento das questões de discriminações raciais e, com isto, observou o princípio da subsidiariedade do Direito Penal. Como vimos no decorrer deste capítulo, no Brasil esta providência não foi tomada, havendo, em conseqüência disto, um *deficit* na eficácia da lei antidiscriminatória.

No Código Penal português, verificamos que houve uma seleção maior, pois apenas algumas condutas foram criminalizadas, privilegiando-se, assim, a taxatividade, sendo que o crime de discriminação racial tem a seguinte redação:

> "Artigo 240º - (Discriminação racial) - 1. Quem: *a)* Fundar ou constituir organização ou desenvolver actividades de propaganda organizada que incitem à discriminação, ao ódio ou à violência raciais, ou que a encoragem; ou *b)* Participar na organização ou nas actividades referidas na alínea anterior ou lhes prestar assistência, incluindo o seu financiamento; é punido com pena de prisão de 1 a 8 anos. 2. Quem, em reunião pública, por escrito destinado a divulgação ou através de qualquer meio de comunicação social: *a)* Provocar actos de violência contra pessoa ou grupo de pessoas por causa da sua raça, cor ou origem étnica; ou *b)* Difamar ou injuriar pessoa ou grupo de pessoas por causa da sua raça, cor ou origem étnica; com a intenção de incitar à discriminação racial ou de a encorajar, é punido com pena de prisão de 6 meses a 5 anos." (Gonçalves, 1996, p. 726).

O legislador português cometeu o mesmo erro que o brasileiro ao utilizar penas privativas de liberdade elevadas para punir estes delitos. No entanto, apesar de a pena máxima ser maior do que a prevista na lei brasileira, houve uma melhor flexibilidade, uma vez que prevista uma pena mínima de seis (06) meses de prisão para alguns casos.

Nas disposições comuns do título onde está inserido o artigo 240 do Código Penal português consta uma pena acessória,[102] que é também aplicável aos delitos de discriminação racial.

Uma parcela da sociedade portuguesa não está satisfeita com as disposições legais sobre a discriminação racial[103] e já há uma proposta de modificação desta matéria, sendo utilizado o argumento de que "Portugal, que em muitos domínios tem uma legislação bastante progressista, tem no combate a comportamentos racistas, violentos ou não, uma legislação bastante insuficiente e ineficaz." (SOS Racismo, 1996, p. 1).

Nesta nova proposta de lei contra a discriminação racial, de 1996, há muitas penas com caráter administrativo, como multas e perda de mandado em caso de cargo público do infrator, mesclados com tipos penais, uma vez que também estão previstas penas privativas de liberdade. Verifica-se, a tentativa da utilização, ainda de forma muito branda, do Direito Interventivo proposto por Hassemer - *vide* item 6.1 *supra*.

Esta nova lei procuraria responder as lacunas do Código Penal, punindo "comportamentos discriminatórios nos domínios do emprego (artigos 2º a 5º), prestação de bens e serviços (artigo 6º), exercício de uma actividade económica (artigo 7º), acesso à habilitação, saúde e

---

[102] Esta pena acessória consta no artigo 246 e tem a seguinte redação: "(Incapacidades) - Quem for condenado por crime previsto nos artigos 236º a 245º pode, atenta a concreta gravidade do facto e a sua projecção na idoneidade cívica do agente, ser incapacitado para eleger Presidente da República, membros do Parlamento Europeu, membros de assembleia legislativa ou autarquia local, para ser eleito como tal ou para ser jurado, por período de 2 a 10 anos." (Gonçalves, 1996, p. 731).

[103] Verifica-se em toda Europa uma crescente preocupação com a questão do problema do racismo, xenofobia, anti-semitismo e nacionalismo que assumiram nos últimos anos, "uma dimensão deveras preocupante, que se traduziu num aumento dos fenómenos de violência racista por grupos organizados de extrema-direita e pelas forças policiais." (SOS Racismo, 1996, p. 1).

educação (artigos 8º a 11º) e actos administrativos (artigo 12º e 13º)." (SOS Racismo, 1996, p. 1).[104]

30.2. Espanha

No artigo 14, da Constituição espanhola de 1978, há o reconhecimento de que a não-discriminação das pessoas por qualquer razão constitui um dos direitos fundamentais de todo ser humano.

Pela Lei Orgânica 4/1995, foi introduzida na legislação espanhola a tipificação criminal da discriminação,

> "que no sólo se refiere a la discriminación racista, sino también a otros tipos de discriminación, como las religiosas, discriminación por razón del sexo, opinión política o, incluso, procedencia geográfica, etc., socialmente cada vez más extendidas. Con ello se refuerza, al mismo tiempo, penalmente el principio de igualdad, reconocido en el art. 14 de la Constitución." (Conde, 1996, p. 706).

O legislador espanhol inseriu no próprio Código Penal os crimes de discriminação, nos moldes da legislação portuguesa, mas utilizou um sistema um pouco mais complicado, estando os tipos legais espalhados pelo Diploma Legal.

Apresenta uma diferença muito significativa da legislação brasileira, pois a discriminação é considerada agravante genérica,[105] o que reputamos interessante,

[104] No entanto, na própria justificativa da proposta, já consta que as reformas, quaisquer que sejam, isoladamente não são suficientes para alterar as discriminações que ocorram na sociedade portuguesa: "Não se considera que esta lei, só por si, venha pôr fim ao racismo, ou até seja o melhor meio para o combater. Ela vem preencher uma lacuna existente no acervo legislativo nacional, actuando no plano repressivo sobre certas condutas que sendo inaceitáveis no plano moral e ético, são igualmente violadoras da Constituição Portuguesa" (SOS Racismo, 1996, p. 2). Estes argumentos vem ao encontro do que expomos até o momento nesta dissertação.

[105] Esta agravante genérica está prevista na Parte Geral, no Capítulo IV, da seguinte forma: "De las circunstancias que agravan la responsabilidad criminal. 22. Son circunstancias agravantes: 4ª Cometer el delito por motivos

uma vez que todos os bens jurídicos constantes no Código Penal são importantes e, necessariamente, se sofrerem lesões motivadas por discriminação, devem ser assim valorados.

Esta alternativa legal permite que se incluam muitas discriminações injustas na legislação penal, sem que haja o rompimento dos princípios da subsidiariedade, da fragmentariedade nem da proporcionalidade. Com efeito, não há diretamente um aumento dos tipos penais (evitando-se a hipercriminalização) nem aumento significativo de pena, uma vez que o acréscimo incidirá sobre a pena-base de cada condenação concreta, sendo sempre proporcional ao delito praticado.

O crime de discriminação como tipo penal autônomo, para algumas condutas, está previsto no artigo 314[106] (que trata das discriminações graves realizadas no emprego público ou privado) e no capítulo específico para a proteção dos direitos fundamentais e das liberdades públicas - Capítulo IV, Seção primeira, artigos 510 a 512, 515, 517 e 518,[107] todos do Código Penal espanhol.

---

racistas, antisemitas u otra clase de discriminación referente a la ideología, religión o creencias de la víctima, la etnia, raza o nación a la que pertenezca, su sexo u orientación sexual, o la enfermedad o minusvalía que padezca." (Villarejo, 1996, p. 46).

[106] A redação do artigo 314 é a seguinte: "Los que produzcan una grave discriminación en el empleo, público o privado, contra alguna persona por razón de su ideología, religión o creencias, su pertenencia a una etnia, raza o nación, su sexo, orientación sexual, situación familiar, enfermedad o minusvalía, por ostentar la representación legal o sindical de los trabajadores, por el parentesco con otros trabajadores de la empresa o por el uso de alguna de las lenguas oficiales dentro del Estado español, y no restablezcan la situación de igualdad ante la Ley tras requerimiento o sanción administrativa, reparando los daños económicos que se hayan derivado, serán castigados con la pena de prisión de seis meses a dos años o multa de seis a doce meses." (Villarejo, 1996, p. 173).

[107] O artigo 510 transcrevemos no corpo da dissertação, e os artigos 511, 512, 515, 517 e 518, do Capítulo IV, Seção Primeira, do Código Espanhol, estão dispostos da seguinte forma: "511. 1. Incurrirá en la pena de prisión de seis meses a dos años y multa de doce a veinticuatro meses e inhabilitación especial para empleo o cargo público por tiempo de uno a tres años el particular encargado de un servicio público que deniegue a una persona una

Destes textos legais, analisaremos unicamente o artigo 510, que traz um tipo penal aberto, sendo que os outros prevêem punições às pessoas que negam prestações de serviços em função de discriminação e às associações ilícitas que visam a promover a discriminação.

O artigo 510 do Código Penal espanhol tem a seguinte redação:

> "510. 1. Los que provocaren a la discriminación, al odio o a la violencia contra grupos o asociaciones, por motivos racistas, antisemitas u otros referentes

---

prestación a la que tenga derecho por razón de su ideología, religión o creencias, su pertenencia a una etnia o raza, su origen nacional, su sexo, orientación sexual, situación familiar, enfermedad o minusvalía. 2. Las mismas penas serán aplicables cuando los hechos se cometan contra una asociación, fundación, sociedad o corporación o contra sus miembros por razón de su ideología, religión o creencias, la pertenencia de sus miembros o de alguno de ellos a una etnia o raza, su origen nacional, su sexo, orientación sexual, situación familiar, enfermedad o minusvalía. 3. Los funcionarios públicos que cometan alguno de los hechos previstos en este astículo, incurrirán en las mismas penas en su mitad superior y en la de inhabilitación especial para empleo o cargo público por tiempo de dos a cuatro años. 512. Los que en el ejercicio de sus actividades profesionales o empresariales denegaren a una persona una prestación a la que tenga derecho por razón de su ideología, religión o creencias, su pertenencia a una etnia, raza o nación, su sexo, orientación sexual, situación familiar, enfermedad o minsusvalía, incurrirán en la pena de inhabilitación especial para el ejercício de profesión, oficio, industria o comercio, por un período de uno a cuatro años. 515. Son punibles las asociaciones ilícitas, teniendo tal consideración: 5º Las que promuevan la discriminación, el odio o la violencia contra personas, grupos o asociaciones por razón de su ideología, religión o creencias, la pertenencia de sus miembros o de alguno de ellos a una etnia, razón o nación, su sexo, orientación sexual, situación familiar, enfermedad o minusvalía, o inciten a ello. 517. En los casos previstos en los números 1º y 3º al 5º del artículo 515 se impondrán las siguientes penas: 1º A los fundadores, directores y presidentes de las asociaciones, las de prisión de dos a cuatro años, multa de doce a veinticuatro meses e inhabilitación especial para empleo o cargo público por tiempo de seis a doce años. 2º A los miembros activos, las de prisión de uno a tres años y multa de doce a veinticuatro meses. 518. Los que con su cooperación económica o de cualquier otra clase, en todo caso relevante, favorezcan la fundación, organización o actividad de las asociaciones comprendidas en los números 1º y 3º al 5º del artículo 515, incurrirán en las penas de prisión de uno a tres años, multa de doce a veinticuatro meses, e inhabilitación especial para empleo o cargo público por tiempo de uno a cuatro años." (Villarejo, 1996, p. 244, 245, 249 e 250).

a la ideología, religión o creencias, situación familiar, la pertenencia de sus miembros a una etnia o raza, su origen nacional, su sexo, orientación sexual, enfermedad o minusvalía, serán castigados con la pena de prisión de uno a tres anõs y multa de seis a doce meses.
2. Serán castigados con la misma pena los que, con conocimiento de su falsedad o temerario desprecio hacia la verdad, difundieren informaciones injuriosas sobre grupos o asociaciones en relación a su ideología, religión o creencias, la pertenencia de sus miembros a una etnia o raza, su origen nacional, su sexo, orientación sexual, enfermedad o minusvalía." (Villarejo, 1996, p. 244).

No tipo penal acima transcrito, o legislador espanhol utilizou, no item 1, o verbo "provocar" que tem uma abrangência menor que os verbos "praticar", "induzir" e "instigar", previstos no artigo 20 da Lei Brasileira nº 7.716/89, com a redação dada pela Lei nº 9.459/97. No entanto, ele não se limitou às discriminações de raça, de cor, etnia, religião ou procedência nacional, como o legislador brasileiro, incluindo, entre outras, as produzidas por motivos anti-semitas, racistas, sexuais, de situação familiar, de orientação sexual e de enfermidade.

Além do mais, apesar de no texto legal constar como sujeito passivo deste crime "os grupos ou associações", Francisco Muñoz Conde (1996, p. 707) afirma que "la referencia a los 'grupos o asociaciones' no impide incluir aquí las mismas conductas referidas a los miembros individuales de los mismos".

No item 2 do artigo 510 do Código Penal espanhol, acima descrito, está previsto como crime a difusão de informações injuriosas sobre grupo ou associações em relação a sua ideologia, religião ou crença, bem como porque seus membros pertencem a uma etnia ou raça, pela origem nacional, sexo, orientação sexual e enfermidade. Este tipo penal diferencia-se da injúria qualificada, prevista no § 3º do artigo 140 do Código Penal brasileiro, pela ampliação dos motivos que levam à produção da ação infamante.

Na Constituição da República Federativa do Brasil de 1988, vários direitos e garantias foram criados, entre eles, os direitos à igualdade e à dignidade da pessoa humana, bem como a proibição de discriminações injustas, havendo um reflexo na legislação ordinária penal, com promulgação de várias leis.

Em face disto, "*não será possível articular uma reforma da Parte Especial do Código Penal que não contenha, no capítulo dos delitos contra a dignidade da pessoa humana, um rol de tipos atentatórios ao princípio da igualdade*" (Franco, 1993, p. 3), oportunidade em que deverão ser reunidos todos os tipos penais pertinentes ao assunto.

30.3. Itália

Na Itália, como no Brasil, não foram inseridos os delitos de discriminação no Código Penal, sendo que esta matéria está disposta em duas leis penais que se limitam à discriminação racial, étnica e religiosa: Lei nº 654, de 13 de outubro de 1975, e Lei nº 205, de 25 de junho de 1993.[108] A primeira delas, atualmente modificada em parte pela segunda, foi promulgada em função da ratificação feita pelos italianos à Convenção Internacional sobre a Eliminação de todas as Formas de Discriminação Racial, em 1966.

[108] Esta lei procurou modernizar a legislação antidiscriminatória italiana, sendo festejada por Zavatti (1995, p. 584), nos seguintes termos: "la legge n. 205/1993 riveste un duplice interesse: da un lato agevola le attività investigative fornendo alla magistratura strumenti di intervento più duttili ed incisivi, dall'altro è espressione della presa di coscienza, anche da parte degli organi legislativi, del problema sempre più pressante degli atti di intolleranza razziale."

No artigo 3º da Lei nº 654/75, com a nova redação dada pelo artigo 1º da Lei nº 205/93,[109] está previsto o tipo penal da discriminação nos seguintes termos:

"3. 1. Salvo che il fatto costituisca più grave reato, anche ai fini dell'attuazione della disposizione dell'articolo 4 della convenzione, è punito:
a) con la reclusione sino a tre anni chi diffonde in qualsiasi modo idee fondate sulla superiorità o sull'odio razziale o etnico, ovvero incita a commettere o commette atti di discriminazione per motivi razziali, etnici, nazionali o religiosi;
b) con la reclusione da sei mesi a quattro anni [c.p.p. 280, 381] chi, in qualsiasi modo, incita a commettere o commette violenza o atti di provocazione alla violenza per motivi razziali, etnici, nazionali o religiosi.
2. *(omissis).*
3. È vietata ogni organizzazione, associazione, movimento o gruppo avente tra i propri scopi l'incitamento alla discriminazione o alla violenza per motivi razziali, etnici, nazionali o religiosi. Chi partecipa a tali organizzazioni, associazioni, movimenti o gruppi, o presta assistenza alla loro attività, è punito, per il solo fatto della partecipazione o dell'assistenza, con la reclusione da sei mesi a quattro anni [C.P.P. 280, 381]. Coloro che promuovono o dirigono tali organizzazioni, associazioni, movimenti o gruppi sono puniti, per ciò solo, con la reclusione da uno a sei anni [c.p.p. 280, 380]." (Codice Penale e Leggi Complementari: Giurisprudenza, schemi e tabelle, 1997, p. 442).

No item 1, letra *a*, deste artigo, está previsto um tipo penal aberto que se assemelha muito ao artigo 20

[109] A alteração significativa deste artigo foi em relação à pena máxima, que diminuiu de quatro para três anos, sendo que a descrição da conduta basicamente permaneceu a mesma.

da Lei Brasileira nº 7.716/89, com a redação dada pela Lei nº 9.459/97.

Com efeito, o legislador italiano proibiu tanto a difusão, por qualquer modo, das idéias de superioridade, ódio racial ou étnico, como o incitamento ao cometimento ou cometimento de atos de discriminação por motivos raciais, étnicos, nacionais ou religiosos; enquanto na legislação brasileira, consta como crime praticar, induzir ou incitar a discriminação ou preconceito de raça, cor, etnia, religião ou procedência nacional. Como os verbos "praticar" e "cometer" têm significados semânticos semelhantes, verifica-se que foi desprezada pelos italianos, unicamente, a conduta de "induzir" à discriminação, assim como a motivação cor.

A Lei italiana nº 205, de 25 de junho de 1993, incluiu algumas medidas urgentes na matéria de discriminação racial, étnica e religiosa. No artigo 1º, constam as penas acessórias[110] para as pessoas condenadas pelos crimes previstos no artigo 3º, da Lei nº 654/75, e pelo crime de genocídio, previsto na Lei nº 962, de 9 de outubro de 1967.

O artigo 2º,[111] item 1, da Lei nº 205, de 25 de junho de 1993, combinado com artigo 3º, da Lei nº 654, de 13

[110] As penas acessórias previstas neste artigo são as seguintes: "*a)* obbligo di prestare un'attività non retribuita a favore della collettività per finalità sociali o di pubblica utilità, secondo le modalità stabilite ai sensi del comma 1-*ter*; *b)* obbligo di rientrare nella propria abitazione o in altro luogo di privata dimora entro un'ora determinata e di non uscirne prima di altra ora prefissata, per un período non superiore ad un anno; *c)*sospensione della patente di guida, del passaporto e di documenti di identificazione validi per l'espatrio per un periodo non superiore ad un anno, nonchè divieto di detenzione di armi proprie di ogni genere [c.p. 585^2]; *d)* divieto di partecipare, in qualsiasi forma, ad attività di propaganda elettorale per le elezioni politiche o amministrative successive alla condanna, e comunque per un periodo non inferiore a tre anni (3)." (Codice Penale e Leggi Complementari: Giurisprudenza, schemi e tabelle, 1997, p. 442 e 443).

[111] A redação do artigo 2º, item 1, que estamos nos referindo, é a seguinte: "*(Disposizioni di prevenzione)*. - 1. Chiunque, in pubbliche riunioni [c.p. 266^4], compia manifestazioni esteriori od ostenti emblemi o simboli propri o usuali delle organizzazioni, associazioni, movimenti o gruppi di cui all'articolo 3

de outubro de 1975, trata das disposições de prevenções, entre elas, a proibição de, em reuniões públicas, ostentar emblemas ou símbolos próprios ou usuais das organizações, associações, movimentos ou grupos que incitem à discriminação ou à violência por motivos raciais, étnicos, nacionais ou religiosos.

Neste aspecto, o legislador italiano elaborou melhor o tipo penal do que o legislador brasileiro, pois o último preocupou-se com a utilização de um símbolo específico - cruz suástica;[112] enquanto o primeiro procurou evitar a divulgação dos símbolos de qualquer ideologia que pregue a discriminação.

Além do mais, pelo item 2 do artigo 2º da Lei italiana acima descrita, é vedado, a título de contravenção, o acesso de pessoas portando esses símbolos em lugares onde se desenvolvem competições.[113]

No artigo 3º da Lei nº 205/93, está prevista uma circunstância agravante[114] aplicável para os crimes, que não sejam punidos com pena perpétua, cometidos com a finalidade de discriminação ou de ódio étnico, nacio-

della legge 13 ottobre 1975, n. 654 (1), è punito con la pena della reclusione fino a tre anni e con la multa da lire duecentomila a lire cinquecentomila." (Codice Penale e Leggi Complementari: Giurisprudenza, schemi e tabelle, 1997, p. 443).

[112] A redação do § 1º do artigo 20 da Lei nº 7.716/89 (com as alterações feitas pela Lei nº 8.882/94), consta no Capítulo II, item 3.5 *supra*, sendo que nos reportamos a ela, pois a Lei nº 9.459/97, basicamente, a reproduziu.

[113] Esta providência é significativa também sob o ponto de vista criminológico, "essendo finalizzata ad evitare ed arginare atteggiamenti o situazioni incitanti alla violenza proprio in quei luoghi di grande assembramento di persone, come ad esempio gli stadi, in cui l'agonismo e la competività troppo spesso assumono il carattere di 'canalizzatori' di aggressività e pertanto facilitano l'insorgere di manifestazioni sediziose amplificate dall' 'effetto massa'." (Zavatti, 1995, p. 579).

[114] O texto legal está assim redigido: "3. *(Circostanza aggravante)*. - 1. Per i reati punibili con pena diversa [c.p. 17] da quella dell'ergastolo commessi per finalità di discriminazione o di odio etnico, nazionale, razziale o religioso, ovvero al fine di agevolare l'attività di organizzazioni, associazioni, movimenti o gruppi che hanno tra i loro scopi le medesime finalità, la pena è aumentata fino alla metà [5¹, 6; c.p. 63³]." (Codice Penale e leggi complementari: Giurisprudenza schemi e tabelle, 1997, p. 444).

nal, racial ou religioso, ou para facilitar as atividades de organizações que tenham a mesma finalidade. Em caso de incidência desta agravante, a pena deve ser aumentada até a metade.

A agravante genérica prevista no Código Penal espanhol - *vide* item 7.2 *supra* - seria mais adequada para os moldes brasileiros, pois abrange todos os crimes previstos na parte especial do Código.

Da mesma forma que no Brasil, a eficácia da lei antidiscriminatória italiana também não é significativa, conforme afirmam Alessia Trenti e Patrizia Zavatti (1995, p. 575):

> "Ciò ha comportato che, a fronte di una evidente moltiplicazione dei fenomeni di intolleranza e discriminazione razziale, la giurisprudenza in materia rimane tutt'oggi assai scarsa, tenuto conto della carenza di procedimenti penali e di recorsi civili aventi ad oggetto delitti a sfondo razzista."

Esta experiência dos italianos é muito importante para nós, brasileiros, pois eles dispõem do tipo penal aberto da discriminação há mais tempo, sendo que este fato é um indicativo forte de que se a Lei Caó não se ajustar aos limites do Direito Penal, conforme analisamos no item 5, deste Capítulo, dificilmente terá uma maior eficácia.

7.4. Suécia

Na Constituição da Suécia de 1974 estão previstas normas expressas contra a discriminação étnica, determinando que "sejam afastados da legislação ordinária sueca quaisquer elementos etnicamente discriminatórios, pondo em relevo os princípios da igualdade de todos os seres humanos, da liberdade e da dignidade que deve existir em uma nação politicamente organizada." (Gallo, 1992, p. 303).

A preocupação maior com a lei ordinária para o combate à discriminação evidenciou-se após a ratificação da Convenção das Nações Unidas sobre a abolição de todas as formas de discriminação racial, em 1971.

No âmbito penal existem dois artigos que tratam desta matéria: artigos 8º e 9º.[115]

Como a realidade da Suécia é muito distante da brasileira, a comparação entre as legislações também se torna difícil. No entanto, verifica-se que o legislador sueco observou melhor os limites do Direito Penal, não criminalizando condutas em excesso e também não exagerando nas penas privativas de liberdade, abrindo um espaço maior para a utilização da pena de multa.

30.5. Argentina

A Constituição argentina sofreu uma reforma em 1994, oportunidade em que se incluíram vários artigos para o combate à discriminação.

---

[115] A redação dos artigos 8º e 9º, do Capítulo 16, do Código Penal sueco é a seguinte: Art. 8º - "Se uma pessoa publicamente ou de qualquer outro modo em uma declaração ou outra comunicação divulgada ao público ameaçar ou expressar desprezo por um grupo étnico ou qualquer outro grupo de pessoas com relação a raça, cor da pele, origem nacional ou étnica ou credo religioso, será sentenciada por agitação contra grupo étnico, estando sujeita a uma pena de prisão no máximo dois anos ou, se infração for de fraca gravidade delituosa, a pagar uma multa."; Art. 9º, § 1º: "Se um homem de negócios na condução delas discriminar alguém, relativamente a sua raça, cor da pele, origem nacional ou étnica ou credo religioso, recusando negociar com ela nas mesmas condições que faz no tocante a outrem na condução de seus negócios, será sentenciado por discriminação ilegal a pagar uma multa ou a prisão de no máximo seis meses."; § 2º: "As disposições no primeiro parágrafo, relativas aos empresários, serão aplicadas correspondentemente a uma pessoa que estiver empregada em um negócio ou que agir em nome de um empresário, bem como a uma pessoa considerada funcionário civil e tiver de tratar com o público."; Art. 9º, § 3º: "O organizador de uma reunião ou de um espetáculo ou o seu auxiliar poderá ser sentenciado por discriminação ilegal, se discriminar alguém por causa de sua raça, cor da pele, origem nacional ou étnica, ou credo religioso, não lhe permitindo entrar na reunião ou no espetáculo nas mesmas condições aplicadas aos outros." (Gallo, 1992, p. 305).

No artigo 75, inciso 22, primeira cláusula,[116] está previsto a "superior jerarquía de los tratados internacionales sobre las leyes" (Lavié, 1997, p. 449). Com isto, a Declaração Americana dos Direitos e Deveres do Homem, a Convenção sobre a Prevenção e Sanção do Delito de Genocídio, a Convenção Internacional sobre a Eliminação de Todas as Formas de Discriminação Racial, a Convenção sobre a Eliminação de Todas as Formas de Discriminação contra a Mulher, entre outras, passaram a integrar a legislação argentina, tendo hierarquia sobre as demais leis.

Este material legislativo constitucional representa uma ferramenta fortíssima para ser utilizado pelos operadores do direito.

No Brasil, existe uma previsão semelhante - artigo 5º, § 2º, da Constituição Federal. No entanto, os argentinos foram mais contundentes e expressamente se referem aos Tratados que vigoram no País - artigo 75, inciso 22, segunda cláusula, da Constituição da Argentina.

Além da igualdade formal - artigo 16 da Constituição argentina,[117] houve, também, uma preocupação com a fixação de medidas de ação positiva para o pleno gozo dos direitos reforçando-se a igualdade material como um dos meios possíveis para o Estado integrar os grupos marginalizados. Tal previsão está no artigo 75, inciso 23, da Constituição argentina,[118] sendo que: "esta cláusula

[116] A primeira cláusula do inciso 22 do artigo 75 da Constituição argentina é a seguinte: *"Aprobar o desechar tratados concluidos con las demás naciones y con las organizaciones internacionales y los concordatos con la Santa Sede. Los tratados y concordatos tienen jerarquía superior a las leyes."* (Lavié, 1997, p. 448).

[117] Artigo 16 da Constituição argentina: *"La Nación Argentina no admite prerrogativas de sangre, ni de nacimiento: no hay en ella fueros personales ni títulos de nobleza. Todos sus habitantes son iguales ante la ley, y admisibles en los empleos sin otra condición que la idoneidad. La igualdad es la base del impuesto y de las cargas públicas."* (Lavié, 1997, p. 97).

[118] Artigo 75, inciso 23, primeira cláusula, da Constituição Argentina: *"Legislar y promover medidas de acción positiva que garanticen la igualdad real de oportunidades y de trato, y el pleno goce y ejercicio de los derechos reconocidos por esta Constitución y por los tratados internacionales vigentes sobre derechos humanos, en particular respecto de los niños, las mujeres, los ancianos y las personas con discapacidad."* (Lavié, 1997, p. 463).

viene a constitucionalizar el tratamiento diferenciado para todos aquellos que se encuentren en situación marginal en relación con el goce y ejercicio de los derechos reconocidos por la Constitución y por los tratados de derechos humanos vigentes." (Lavié, 1997, p. 463).

A lei ordinária que trata dos atos discriminatórios, de 05 de setembro de 1988 - Lei nº 23.592, sofreu uma alteração bastante recente pela Lei nº 24.782, de 03 de abril de 1997, sendo acrescentado mais um artigo. No entanto, tal modificação não interferiu na área penal.

Esta lei é composta de cinco artigos, mas apenas dois - artigos 2º e 3º - prevêem sanções penais.

O artigo 2º da Lei nº 23.592/88 dispõe o seguinte:

> "2. Elévase en un tercio el mínimo y en un medio el máximo de la escala penal de todo delito reprimido por el Código Penal o leyes complementarias cuando sea cometido por persecución u odio a una raza, religión o nacionalidad, o con el objeto de destruir en todo o en parte a un grupo nacional, étnico, racial o religioso. En ningún caso se podrá exceder del máximo legal de la especie de pena de que se trate." (Código Penal Argentino, 1997, p. 173).

Verifica-se que o legislador buscou evitar a inflação de tipos penais e criou um aumento de pena para todos os delitos já previstos, tanto no Código Penal como em leis extravagantes, quando motivados por discriminações raciais, religiosas e de nacionalidade. Assim, foram aproveitados todos os bens jurídicos já protegidos e que eram considerados merecedores da proteção penal, evidenciando-se um repúdio maior quando fossem praticados por motivos discriminatórios.

Tal providência assemelha-se à agravante genérica prevista pelo legislador espanhol e tem grande vantagem em relação à legislação brasileira, considerando-se que a contribuição, realizada no âmbito criminal, fica mais adequada aos princípios norteadores do Direito Penal.

O legislador argentino também previu um tipo penal específico para o combate à discriminação, punindo as pessoas que participem da organização ou da realização de propaganda que pregue a superioridade de uma raça ou de um grupo de pessoas de determinada religião, origem étnica ou cor, que tenha por objetivo a justificação ou promoção de discriminação racial ou religiosa em qualquer forma.[119]

Por estas previsões legislativas, verifica-se que o legislador argentino possibilitou ao julgador uma aplicação mais flexível da pena privativa de liberdade, uma vez que a pena mínima é de um (01) mês de prisão.

As legislações estrangeiras, analisadas acima, autorizam-nos a concluir que muitos países estão buscando há pouco tempo a solução do problema da discriminação pela via legislativa.

No entanto, já está evidente que a área penal não é a mais adequada para combater todos os tipos de discriminações.

Além das medidas penais adequadas, faz-se necessário que os governantes realizem uma política pública eficaz em relação aos grupos dos discriminados, a fim de que consigam as condições mínimas que os possibilitem competir na sociedade em que vivemos.

---

[119] O tipo penal autônomo da discriminação está previsto no artigo 3º, da Lei nº 23.592/88, nos seguintes termos: "Serán reprimidos con prisión de un mes a tres años los que participaren en una organización o realizaren propaganda basados en ideas o teorías de superioridad de una raza o de un grupo de personas de determinada religión, origen étnico o color, que tengan por objeto la justificación o promoción de la discriminación racial o religiosa en cualquier forma. En igual pena incurrirán quienes por cualquier medio alentaren o incitaren a la persecución o el odio contra una persona o grupos de personas a causa de su raza, religión, nacionalidad o ideas políticas." (Código Penal Argentino, 1997, p. 173 e 174).

Considerações finais

A prática discriminatória, em qualquer de suas formas, é extremamente perniciosa, especialmente em um país com tanta diversidade racial, cultural, religiosa, econômica e social como o nosso. Por isso, representou uma conquista para todo o povo brasileiro a retirada de algumas condutas discriminatórias da situação de contravenção penal, elevadas à condição de crime pela Constituição Federal de 1988.

No entanto, os rótulos de imprescritibilidade e de inafiançabilidade atribuídos à prática do racismo foram indevidos e representaram um retrocesso para o Direito Penal brasileiro.

Por outro lado, o legislador ordinário apresentou uma resposta ingênua e inapropriada frente ao fenômeno problemático da discriminação que ocorre cotidianamente e de forma generalizada na sociedade. Este fato deve-se, "principalmente, a la posible falta de información o simplesmente a la simplificación y generalización respecto del fenómeno" (Gerlero, 1995, p. 87 e 88).

Com efeito, o legislador, por muito tempo, lançou mão unicamente da legislação penal para combater todo o tipo de discriminação, focalizando estas condutas como um desvio e obscurecendo o nível mais profundo de análise. Assim, não se tomou consciência de que estas atitudes discriminatórias são generalizadas, simuladas, não assumidas, estão em toda a estrutura social e, conseqüentemente, enraizadas na cabeça dos brasileiros.

Em face desta simplificação do problema da discriminação, os limites do Direito Penal foram desrespeitados. Com isto, tornou-se inviável uma eficácia satisfatória das leis penais antidiscriminatórias.

O Direito Penal quando realiza o papel promocional rompe com seus limites. A criminalização de um fato só é correta quando este é sentido pela coletividade como contrário a algum princípio ou norma fundamental para o funcionamento dos sistemas sociais.

O legislador ao utilizar indevidamente, na lei penal antidiscriminatória, os conteúdos do racismo, do preconceito e da discriminação como sinônimos, contribuiu para a ineficácia desta lei, pois somente as condutas discriminatórias podem ser enfrentadas pelo Direito Penal.

Por outro lado, também foram desrespeitados os princípios da proporcionalidade, da fragmentariedade e da subsidiariedade do Direito Penal. Com efeito, o legislador brasileiro não observou que somente os casos mais graves de discriminação podem ser combatidos pelo Direito Penal, o restante deve ser enfrentado por outras áreas do Direito, como ilícitos civis, ilícitos administrativos, entre outros.

Reconhecemos que não é fácil uma delimitação precisa de quais as condutas discriminatórias que podem e devem ser combatidas pelo Direito Penal. Assim, para se evitar riscos maiores, esta escolha deve partir dos bens jurídicos já reconhecidos como extremamente valiosos para qualquer cidadão, ou seja, a vida, a integridade física da pessoa humana, a liberdade, a dignidade pessoal, etc. Realizada esta primeira seleção, faz-se necessária uma nova delimitação para que a proteção penal somente inclua as lesões mais graves.

Não basta que um bem possua importância social para ter a proteção do Direito Penal, é preciso que não sejam suficientes, para a sua tutela, outros meios de defesa menos lesivos.

Os demais aspectos da organização social devem contribuir com a sua parte, pois um problema do porte da discriminação, na forma sutil e sistemática como é praticada, não pode ser reduzido e solucionado unicamente pela lei, muito menos pela lei penal, uma vez que o sistema do Direito Penal é "*apenas um,* entre outros - de controlo: um sistema nem sempre necessário, nem sempre eficaz, *mas sempre o mais gravoso*" (Dias, 1992, p. 409).

Além do mais, abordando-se a discriminação como uma questão que deve ser solucionada somente pela área penal, apenas casos isolados estarão em foco, o que, paradoxalmente, contribui para endossar a discriminação civil. Por isso um dos caminhos a ser seguido seria o que elevasse a condição dos discriminados, através de uma política dos direitos civis.

O estudo desenvolvido neste trabalho permite-nos acrescentar que para se vencer a discriminação, na busca da igualdade e da justiça, será necessário o empenho de cada um de nós brasileiros, uma vez que a neutralidade sempre somará forças para o lado contrário. Assim como,

> "solo se faremo di questi temi e di queste scelte materia del quotidiano, nella nostra vita, nei nostri gesti, nelle nostre teste, solo se ci saranno innumerevoli e continui *atti-di-non-razzismo* - pratiche, cioè, e non solo parole - ha senso e, forse, speranza, la prospettiva di una *società-poco-razzista.*" (Baldo, 1992, p. 55 e 56).

Até o momento, o legislador brasileiro não enfrentou as desigualdades materiais produzidas pelas condutas discriminatórias generalizadas na sociedade. As inúmeras leis penais existentes desde 1951 tiveram o único mérito de acalmar temporariamente os grupos que lutavam por mudanças, uma vez que a ineficácia era companhia inseparável dessas leis que sempre extrapolaram o papel que poderia cumprir o Direito Penal.

O modo de pensar da população brasileira é que necessita mudar e isso não se faz unicamente com a lei, mas com meios mais eficazes como os da política social, da educação, com uma lei civil efetiva, entre tantos outros.

Para alterar essa situação de discriminações generalizadas, que desrespeitam os direitos, garantidos constitucionalmente, de inúmeros brasileiros, precisamos invocar uma política nacional decisiva contra as discriminações injustas, sendo que o Direito Penal só pode contribuir com a parte que lhe cabe, e não com o todo.

No âmbito da legislação penal, entendemos que não há muito mais a acrescentar. Entretanto, a introdução de uma agravante genérica quando o delito fosse praticado por motivos discriminatórios representaria uma alteração relevante.

Por dispormos, atualmente, de um tipo penal aberto, a tarefa de equacionar a lei penal antidiscriminatória, para que tenha uma melhor eficácia, passou a depender do posicionamento da doutrina e da jurisprudência. Para cumprir esta tarefa, os operadores do direito deverão sensibilizar-se com os problemas da discriminação, aprofundando os precários estudos existentes até o momento.

Da mesma forma, caberá aos grupos que lutam para que seja modificado o quadro de discriminação no Brasil realizar um trabalho no intuito de sensibilizar toda a sociedade brasileira da gravidade desta questão, a fim de conseguir uma resposta do governo em outras áreas que não só o Direito Penal.

Bibliografia

ABBAGNANO, Nicola. *Diccionario de filosofía.* 2. ed. 9. reimpressão. Trad. Alfredo N. Galletti. México: Fondo de Cultura Económica, 1992.

ADORNO, Sérgio. Discriminação racial e justiça criminal em São Paulo. *Novos Estudos* CEBRAP, São Paulo, n. 43, p. 45-63, nov. 1995.

ANDREWS, George Reid. O negro no Brasil e nos Estados Unidos. *Lua Nova - Cultura e Política,* São Paulo, v. 2, n. 1, p. 52-56, 1985.

ARAÚJO, Vera Lúcia. Relatório sobre a questão racial. In: *Direitos Humanos no Brasil,* 1992-1993. São Paulo: Loyola, 1994. p. 69-74.

ARAÚJO Jr., João Marcello de. *Cidadania não é favor: reflexões político-criminais.* Rio de Janeiro: EdUERJ, 1995.

ARINOS, Afonso. Entrevista fornecida à Folha de São Paulo: Uma lei à brasileira: três décadas depois, Afonso Arinos faz o balanço de sua lei anti-racista. *Folha de São Paulo,* São Paulo, 8 de jun. 1980. Afinal, somos uma democracia racial? p. 13.

ASÚA, Luis Jiménez de. *Libertad de amar y derecho a morir: ensayos de un criminalista sobre eugenesia y eutanasia.* 7. ed. Buenos Aires: Depalma, 1992

AZEVEDO, Thales de. *Cultura e situação racial no Brasil.* Rio de Janeiro: Civilização Brasileira S. A., 1966. (Retratos do Brasil, v. 42).

BALDO, Laura e MANCONI, Luigi. *I razzismi reali.* Milano: Feltrinelli, 1992.

——. *Razzismi un vocabolario.* Milano: Feltrinelli, 1993.

BALDWIN, James. *Da próxima vez o fogo: racismo nos E.U.A.* Trad. Chistiano Monteiro Oiticica. Rio de Janeiro: Biblioteca Universal Popular, 1967. (Coleção Polê mica).

BARATTA, Alessandro. Direitos humanos: entre a violência estrutural e a violência penal. Trad. Ana Lucia Sabadell. *Fascículos de Ciências Penais,* Porto Alegre, v. 6, n. 2, p. 44-61, abr./mai./jun. 1993.

BASSIOUNI, M. Cherif. *Derecho penal internacional: proyecto de codigo penal internacional.* Trad. Jose L. de la Cuesta Arzamendi. Madrid: Tecnos, 1984.

BASTIDE, Roger e FERNANDES, Florestan. *Brancos e negros em São Paulo.* 3. ed. São Paulo: Companhia Editora Nacional, 1971.

BASTOS, Celso Ribeiro e MARTINS, Ives Gandra. *Comentários à Constituição do Brasil:* promulgada em 05.10.1988. São Paulo: Saraiva, 1989. V. 2.

BECCARIA, Cesare Bonesana, Marchesi di. *Dos delitos e das penas*. Trad: J. Cretella e Agnes Cretella. São Paulo: Editora Revista dos Tribunais, 1996.

BERNARDES, Ernesto. O que é que a Bahia tem. *Veja*, São Paulo, ano 27, n.15, p. 54-56, 13 abr. 1994.

BERND, Zilá. *Racismo e anti-racismo*. São Paulo: Moderna, 1994. (Coleção Polêmica).

BERTULIO, Dora Lucia de Lima. *Direito e relações raciais: uma introdução crítica do racismo*. Dissertação (Mestrado em Ciências Humanas, Especialidade: Direito), Universidade Federal de Santa Catarina, 1989.

BIANCHINI, Alice. *A (des)igualdade jurídica e política entre os sexos no direito constitucional brasileiro. Dissertação* (Mestrado em Ciências Humanas, Especialidade: Direito), Universidade Federal de Santa Catarina, 1994.

——. A igualdade formal e material. *Cadernos de direito constitucional e ciência política*, São Paulo, n. 17, p. 202-222, out./dez. 1996.

BLAJBERG, Jennifer Dunjwa. O legado do *apartheid* formal e os desafios enfrentados na reconstrução e desenvolvimento da África do Sul - 1994-1995. In: *Estratégias e políticas de combate à discriminação racial*. São Paulo: EDUSP: Estação Ciência, 1996a. p. 17-27.

BLAJBERG, Salomon. As idiossincrasias raciais brasileiras na formulação das políticas públicas em vista da eliminação do *apartheid* formal na África do Sul.In: *Estratégias e políticas de combate à discriminação racial*. São Paulo: EDUSP: Estação Ciência, 1996b. p. 35-44.

BOBBIO, Norberto e outros. *Dicionário de política*. 8. ed. Trad. Carmen C. Varriale. Brasília: Editora Universidade de Brasília, 1995. V. 2.

——. *Igualdade e liberdade*. Trad. Carlos Nelson Coutinho. Rio de Janeiro: Ediouro, 1996.

BONAVIDES, Paulo. *Curso de Direito Constitucional*. 7. ed. rev., atual. e ampl. São Paulo: Malheiros Editores Ltda, 1997.

BRASIL. Ministério da Justiça, Ministério das Relações Exteriores, Fundação Alexandre de Gusmão e Núcleo de Estudos da Violência da Universidade de São Paulo. *Décimo relatório periódico relativo à Convenção Internacional sobre a Eliminação de Todas as Formas de Discriminação Racial / 1965*. Brasília: FUNAG / Ministério da Justiça, 1996.

CAMPANHOLE, Adriano e CAMPANHOLE, Hilton Lobo.*Tôdas as Constituições do Brasil*. São Paulo: Atlas S.A., 1971.

CARDOSO, Fernando Henrique. *Capitalismo e escravidão no Brasil meridional:* o negro na sociedade escravocrata do Rio Grande do Sul. 2. ed. Rio de Janeiro: Paz e Terra, 1977.

CARNEIRO, Maria Luiza Tucci. *Preconceito racial no Brasil-Colônia: os cristãos-novos*. São Paulo: Brasiliense, 1983.

CENEVIVA, Walter. Preconceito e discriminação. *Folha de São Paulo*, São Paulo, 31 mai. 1997. 3º Caderno, p. 2.

CERNICCHIARO, Luiz Vicente e COSTA Jr. Paulo José da. *Direito Penal na Constituição*. 3. ed., rev. e ampl. São Paulo: Revista dos Tribunais, 1995.

CERVINI, Raul. O princípio do respeito às autonomias culturais. *AJURIS*, Porto Alegre, n. 55, p. 154-174, jul. 1992.

——. Direitos humanos e Direito Penal. Alcance e sentido dos processos de desinstitucionalização. Trad. Gilberto Niederauer Corrêa. *Fascículos de Ciências Penais*, Porto Alegre, v. 6, n. 2, p. 91-117, abr./mai./jun. 1993.

CODICE PENALE E LEGGI COMPLEMENTARI: Giurisprudenza, schemi e tabelle. Carsoli: Editore 24 Ore SEME, 1997. A cura di Renato Bricchetti.

CÓDIGO PENAL - República Argentina. Buenos Aires: Zavalia, 1997. Edición al cuidado del Dr. Fernando Marcelo Zamora.

COMAS, Juan. Os mitos raciais. In: *Raça e Ciência I*. São Paulo: Perspectiva, 1970. p. 11-55. (Coleção Debates).

CONDE, Francisco Muñoz. *Derecho Penal:Parte Especial*. 11. ed. rev. y puesta al día conforme al Codigo penal de 1995. Valencia: Guada Litografia, S.L.-PM, 1996.

CONSELHO INDIGENISTA MISSIONÁRIO. Povos Indígenas no Brasil: 500 anos de violência. In: *Direitos Humanos no Brasil, 1992-1993*. São Paulo: Loyola, 1994. p. 23-34.

CONSTITUIÇÃO DA REPÚBLICA FEDERATIVA DO BRASIL: promulgada em 05 de outubro de 1988. 4. ed. São Paulo: Jalovi Ltda, 1989.

CONSTITUTION OF THE REPUBLIC OF SOUTH AFRICA 1996. As adopted by the Constitutional Assembly on 8 May 1996 and as Amended on 11 October 1996.

CORTEZ, Roberto. O índio na consciência urbana. *Boletim do Museu Paraense Emílio Goeldi*. Nova série: Antropologia, Belém, n. 59, p. 1-18, ago. 1975.

CRETELLA Jr., José. *Comentários à Constituição Brasileira de 1988*. 2. ed. Rio de Janeiro: Forense Universitária, 1990. V. 1.

CROCHÍK, José Leon. *Preconceito: indivíduo e cultura*. São Paulo: Robe, 1995.

CUNHA, Maria da Conceição Ferreira da. *Constituição e crime: uma perspectiva da criminalização e da descriminalização*. Porto: Universidade Católica Portuguesa Editora, 1995.

CUNHA Jr., Henrique. As estratégias de combate ao racismo. Movimentos negros na escola, na universidade e no pensamento brasileiro. In: *Estratégias e políticas de combate à discriminação racial*. São Paulo: EDUSP: Estação Ciência, 1996. p. 147-156.

DAHRENDORF, Ralf. *Sociedade e liberdade*. Trad. Vamireh Chacon. Brasília: Universidade de Brasília, 1981. (Coleção Pensamento Político).

DAVIES, Alan. A ideologia do racismo. Trad. Jaime A. Clasen. *Revista Concilium*, A Igreja e o Racismo, Rio de Janeiro, n. 171, p. 18-25, 1982.

DIAS, Jorge de Figueiredo e ANDRADE, Manuel da Costa. *Criminologia: o homem delinquente e a sociedade criminógena*. Reimpressão. Coimbra: Coimbra Editora, 1992.

ECCLES, Peter R. Culpados até prova em contrário: os negros, a lei e os direitos humanos no Brasil. *Estudos Afro-Asiáticos*, Rio de Janeiro, n. 20, p. 135-163, jun. 1991.

ELUF, Luíza Nagib.A legislação brasileira face às convenções e aos pactos internacionais. Questões especiais: tortura, prostituição e racismo. *Revista do Conselho Nacional de Política Criminal e Penitenciária*, Brasília, v. 1, n. 5, p. 17-22, 1995.

EPSTEIN, Issac. *Gramática do poder*. São Paulo: Ática, 1993. (Série Fundamentos, n. 99).

FALCÃO, Alcino Pinto, FRANCO Sobrinho, Manoel de Oliveira, MELLO, Celso Albuquerque e SÜSSEKIND, Arnaldo. *Comentários à Constituição*. Coord. Fernan do Whitakes da Cunha. Rio de Janeiro: Freitas Bastos, 1990. V. 1.

FAUSTO, Boris. *Crime e cotidiano. A criminalidade em São Paulo (1880-1924)*. São Paulo: Brasiliense, 1984.

FERNANDES, Antônio Scarance. A fiança criminal e a Constituição Federal. *JUSTITIA*, São Paulo, v. 155, p. 28-39, jul./set., 1991.

FERRAZ Jr., Tércio Sampaio. *Introdução ao estudo do direito: técnica, decisão, dominação*. 2. ed. São Paulo: Atlas, 1994.

FONSECA, Dagoberto José. *A piada: discurso sutil da exclusão. Um estudo do risível no "racismo a brasileira"*. Dissertação (Mestrado em Ciências Sociais), Pontifícia Universidade Católica de São Paulo, 1994.

FRAGOSO, Heleno Cláudio. Genocídio. *Revista de Direito Penal*, Rio de Janeiro, n. 9/10, p. 27-36, jan./jun. 1973.

FRANCO, Alberto Silva. Crimes contra o princípio da igualdade. *Boletim IBCCrim*, São Paulo, n. 11, p. 3, dez. 1993.

——. e outros. *Leis penais especiais e sua interpretação jurisprudencial. 5. ed. rev. e ampl. 2. tir*. São Paulo: Revista dos Tribunais, 1995. Tomo 2.

——. Do princípio da intervenção mínima ao princípio da máxima intervenção. *Separata da Revista Portuguesa de Ciência Criminal*, Coimbra, Fasc. 2., ano 6, p. 175-187, abr./jun. 1996.

FROTA-PESSOA, Oswaldo. Racismo, educação e eugenia: o livro *"The Bell Curve"* traz uma velada sugestão de controle de natalidade dos negros. *Folha de São Paulo*, São Paulo, 13 nov. 1994. Caderno Mais, p. 3.

GALLO, Carlos Alberto Provenciano. O *"ombudsman"* sueco contra a discriminação étnica e imigratória. *Cadernos de Direito Constitucional e Ciência Política*, São Paulo, n. 1, p. 303-307, out./dez. 1992.

GARCIA, Basileu. *Instituições de Direito Penal*. 4. ed. rev. e atual. 31. tiragem. São Paulo: Max Limonad, 1968. V. I, tomo II.

GERLERO, Mario S. *Discriminación. Una aproximación teórica desde la Sociología del Derecho*. Buenos Aires: Ediciones Iniciales - Efegepe, 1995.

GNERRE, Maurizio. *Linguagem, escrita e poder*. São Paulo: Martins Fontes, 1994.

GONÇALVES, M. Maia. *Código Penal Português: anotado e comentado: legislação complementar*. 10. ed. Coimbra: Livraria Almedina, 1996.

GOUTTES, Regis de. Le Comite des Nations Unies pour l'élimination de la discrimination raciale. *R. de Science Criminelle et de Droit Penal Compare*, Paris, v. 3, p. 537-546, juil./sept. 1991.

GRECO FILHO, Vicente. *Tutela constitucional das liberdades*. São Paulo: Saraiva, 1989.

——. *Manual de processo penal*. São Paulo: Saraiva, 1991.

GRINOVER, Ada Pellegrini. *Liberdades públicas e processo penal: as intercepções te lefônicas*. 2. ed. atual. São Paulo: Revista dos Tribunais, 1982.

GUIMARÃES, Antônio Sérgio Alfredo. Racismo e anti-racismo no Brasil. *Novos Estudos do CEBRAP*, São Paulo, n. 43, p. 26-44, nov. 1995.

——. O recente anti-racismo brasileiro: o que dizem os jornais diários. *Revista USP*, São Paulo, n. 28, p. 84-95, dez. 95, jan./fev. 1996.

HALFPAP, Luiz Carlos e FONTANA,Remy. Direito, ideologia e comunidades indígenas. *Encontros com a civilização brasileira*, Rio de Janeiro, n.12, p.115-128, 1979.

HASENBALG, Carlos Alfredo. Desigualdades raciais no Brasil. In: *Estrutura social, mobilidade e raça*. São Paulo: Vértice, Revista dos Tribunais, 1988. p. 115-143.

HASSEMER, Winfried. *Três temas de Direito Penal*. Porto Alegre: AMP/Escola Superior do Ministério Público, 1993. (Estudos MP, 7).

HINSHELWOOD, R. D. *Dicionário do pensamento Kleiniano*. Trad. José Octavio de Aguiar Abreu. Porto Alegre: Artes Médicas, 1992.

HRDLICKA, Ales. Las razas del hombre. In: *Aspectos científicos del problema racial*. 2. ed. Buenos Aires: Losada S. A., 1953, p. 167-192.

HUNGRIA, Nelson. *Novas questões jurídico-penais*. Rio de Janeiro: Editora Nacional de Direito, 1945.

——. A criminalidade dos homens de côr no Brasil. In: *Comentários ao Código Penal*. 3. ed. rev. e atual. Rio de Janeiro: Forense, 1956. V. III. p. 281-305.

IANNI, Octavio. *Raças e classes sociais no Brasil*. 2. ed. rev. e modif. Rio de Janeiro: Civilização Brasileira S. A., 1972. (Coleção Retratos do Brasil, v. 48).

——. *Escravidão e racismo*. 2. ed. revista e acrescida do Apêndice. São Paulo: Hucitec, 1988.

JESUS, Damásio E. de. *Direito penal*. 20. ed. rev. e atual. São Paulo: Saraiva, 1997a. V. 1 (Parte geral).

——. Injúria por preconceito. *Boletim IBCCrim*, São Paulo, n. 55, p. 16, jun. 1997b.

JESUS, Eunice Aparecida de. *Preconceito racial e igualdade jurídica no Brasil*. Dissertação (Mestrado em Direito), Faculdade de Direito da USP, 1980.

JONES, James M. *Racismo e preconceito*. Trad. Dante Moreira Leite. São Paulo: Edgard Blücher, Ed. da Universidade de São Paulo, 1973.

KLINEBERG, Otto. *As diferenças raciais*. Trad. Gioconda Mussolini. São Paulo: Companhia Editora Nacional. Editora da Universidade de São Paulo, 1966. (Biblioteca Universitária, 2. série, v. 14).

——. Raça e Psicologia. In: *Raça e Ciência II*. São Paulo: Perspectiva, 1972. p. 195-231. (Coleção Debates).

LALANDE, André. *Vocabulaire technique et critique de la philosophie*. 10. ed. revue et augm. Paris: Presses Universitaires de France, 1968.

LAVIÉ, Humberto Quiroga. *Constitucion de la Nacion Argentina comentada*. 2. ed. atual. Buenos Aires: Zavalia Editor, 1997.

LEITE, Dante Moreira. Preconceito racial e patriotismo em seis livros didáticos primarios brasileiros. *Psicologia*, São Paulo, n. 3, p. 207-231, 1950.

LEITE, Manuel Carlos da Costa. *Lei das contravenções penais*. São Paulo: Revista dos Tribunais, 1976.

LEONEL Jr., Mauro de Mello. *Etnodicéia Urueuau: o endocolonialismo e os índios no centro de Rondônia; o direito à diferença e à preservação ambiental. Dissertação (Mestrado em Ciências Sociais)*, Pontifícia Universidade Católica de São Paulo, jul. 1988.

LÉVI-STRAUSS, Claude. Raça e história. In: *Raça e Ciência I*. São Paulo: Perspectiva, 1970. p. 231-270. (Coleção Debates).

LUIZETTO, Flávio L. A discriminação racial na política recente do País: uma arma sem rival. *Folha de São Paulo*, São Paulo, 8 jun.1980. Afinal, somos uma democracia racial? p. 4-5.

LYRA, Roberto. Imigração e Criminalidade. *Arquivos do Departamento Federal de Segurança Pública*, Brasília - Distrito Federal, v. VII e VIII, n. 15, 16, 17 e 18, p. 15-20, 1948.

LYRA FILHO, Roberto e CERNICCHIARO, Luiz Vicente. *Compêndio de Direito Penal: parte geral*. São Paulo: Bushatsky, 1973. V. 1.

MACI, Guillermo. Discriminação e poder monopolista do Estado na América Latina. *Seqüência: estudos jurídicos e políticos*, Florianópolis, n. 25, p. 15-25, dez. 1992.

MALERBA, Jurandir. *Os brancos da lei: liberalismo, escravidão e mentalidade patriarcal no Império do Brasil*. Maringá: EDUEM, 1994.

MARQUES, João Benedito Azevedo. *Marginalização: menor e criminalidade*. São Paulo: McGraw-Hill do Brasil, 1976.

MARQUES, José Frederico. *Elementos de direito processual penal*. Campinas: Bookseller, 1997. V. IV.

MARTINS, José de Souza. *Exclusão social e a nova desigualdade*. São Paulo: Paulus, 1997. (Coleção temas da atualidade).

MELLO, Celso Antônio Bandeira de. *O conteúdo jurídico do princípio da igualdade. 3. ed. atual. 4. tiragem*. São Paulo: Malheiros, 1997.

MESTIERI, João. Direito Penal e mínimo social. *Livro de Estudos Jurídicos*, Rio de Janeiro, n. 8, p. 438-443, 1994.

MIRABETE, Julio Fabbrini. *Manual de direito penal*. 12. ed. São Paulo: Atlas, 1997. V. 1.

MONTESQUIEU, Charles de Secondat, Baron de. *O espírito das leis*. Trad. Cristina Murachco. São Paulo: Martins Fontes, 1993.

MORAES, Alexandre de. Liberdade de imprensa e proteção à dignidade humana. *Boletim IBCCrim*, São Paulo, n. 58, p. 15, set. 1997.

MUNANGA, Kabengele. O anti-racismo no Brasil. In: *Estratégias e políticas de combate à discriminação racial*. São Paulo: EDUSP: Estação Ciência, 1996. p. 79-94.

NASCIMENTO, Abdias do. *Combate ao racismo: discursos e projetos*. Brasília: Câmara dos Deputados, 1983. (Separatas de discursos, pareceres e projetos, n. 57).

NEDER, Gizlene. Racismo e cidadania no Brasil. In: *Violência & Cidadania*. Porto Alegre: Sergio Fabris, 1994. p. 47-54.

NEVES, Marcelo. *A Constitucionalização simbólica*. São Paulo: Acadêmica, 1994.

NORONHA, E. Magalhães. *Direito Penal.* 32. ed. nos termos da Lei nº 7.209/84 e da Constituição Federal de 1988. São Paulo: Saraiva, 1997. Atualizada por Adalberto José Q. T. de Camargo Aranha. V. 1 (Introdução e parte geral).

OLIVEIRA, Ivone Martins de. *Preconceito e autoconceito: identidade e interação na sala de aula. Campinas,* São Paulo: Papirus, 1994. (Coleção magistério. Formação e trabalho pedagógico).

OSÓRIO, Fábio Medina e SCHAFER, Jairo Gilberto. Dos crimes de discriminação e preconceito: anotações à Lei 8.081, de 21.9.90. *Revista dos Tribunais,* São Paulo, v. 714, p. 329-338, abr. 1995.

PACHECO, Josephine Fennell. *O problema do racismo nos Estados Unidos.* Trad. Armando Correia Pacheco. Curitiba: Universidade Federal do Paraná, 1983.

PEIXOTO, Fernanda. Um mestre francês reflete sobre a civilização em branco e preto. *Folha de São Paulo,* São Paulo, 19 mar. 1995. Caderno Mais: Herdeiros do Quilombo, p. 5.

PETRI, Maria José Constantino. *Argumentação lingüística e discurso jurídico.* São Paulo: Selinunte, 1994. (Coleção Processos Expressivos da Linguagem).

PIERANGELLI, José Henrique. *Códigos penais do Brasil: evolução histórica.* Bauru, São Paulo: Javoli, 1980.

——. *Processo penal: evolução histórica e fontes legislativas.* Bauru, São Paulo: Javoli, 1983.

PIERUCCI, Antônio Flávio. O peso da origem: numa entrevista inédita, o professor da Universidade de São Paulo demonstra o preconceito do Sul contra os nordestinos. *Veja,* São Paulo, ano 20, n. 7, p. 3-6, 17 fev. 1988.

PORTO, Antonio Rodrigues. *Da prescrição penal.* 9. ed. São Paulo: Revista dos Tribunais, 1983.

PRUDENTE, Eunice Aparecida de Jesus. O negro na ordem jurídica brasileira. *Revista da Faculdade de Direito da USP,* São Paulo, v. 83, p. 135-149, jan./dez. 1988.

PUIG, Santiago Mir. Función y límites de la intervención penal. In: *El derecho penal en el Estado social y democrático de derecho.* Barcelona: Ariel, S.A., 1994. p. 115-167.

RACUSEN, Seth. Reclamando cidadania no mercado de trabalho em São Paulo. In: *Estratégias e políticas de combate à discriminação racial.* São Paulo: EDUSP: Estação Ciência, 1996. p. 195-209.

RIBEIRO, Carlos Antonio Costa. *Cor e criminalidade: estudo e análise da justiça no Rio de Janeiro (1900-1930).* Rio de Janeiro: UFRJ, 1995a.

RIBEIRO, Darcy. *O povo brasileiro: evolução e o sentido do Brasil.* São Paulo: Companhia das Letras, 1995b.

RODRIGUES, Fernando. Racismo cordial. In: *Racismo cordial: a mais completa* análise sobre o preconceito de cor no Brasil. Folha de São Paulo / Datafolha. São Paulo: Ática, 1995. p. 11-55.

RODRIGUES, Nina. *As raças humanas e a responsabilidade penal no Brasil.* 4. ed. Salvador: Livraria Progresso Editora, 1957. (Coleção Forum).

——. *Os africanos no Brasil.* 5. ed. São Paulo: Nacional, 1977.

ROSE, Arnold M. A origem dos preconceitos. In: *Raça e Ciência II*. São Paulo: Perspectiva, 1972. p. 161-194. (Coleção Debates).

SANTOS, Joel Rufino dos. *O que é racismo*. 15. ed. São Paulo: Brasiliense, 1994. (Coleção Primeiros Passos).

SARTRE, Jean-Paul. *Reflexões sôbre o racismo: I - reflexões sôbre a questão judaica; II - Orfeu negro*. Trad. J. Guinsburg. 6. ed. São Paulo: Difel, 1978.

SCHWARCZ, Lilia Moritz. *O espetáculo das raças: cientistas, instituições e questão racial no Brasil - 1870-1930*. São Paulo: Companhia das Letras, 1993.

SIEBERT, Rudolf. O fenômeno do racismo. Trad. Jaime A.Clasen. *Revista Concilium, A Igreja e o Racismo*, Rio de Janeiro, n. 171, p. 7-17, 1982.

SILVA, Jorge da. *Direitos civis e relações raciais no Brasil*. Rio de Janeiro: Luam, 1994.

SILVA Jr., Hédio. Uma possibilidade de implementação da convenção 111: o caso de Belo Horizonte. In:*Estratégias e políticas de combate à discriminação racial*. São Paulo: EDUSP: Estação Ciência, 1996. p. 223-229.

SKIDMORE, Thomas E. *Preto no branco: raça e nacionalidade no pensamento brasileiro*. Trad. Raul de Sá Barbosa. Rio de Janeiro: Paz e Terra, 1976.

SOARES, Orlando. *Comentários à Constituição da República Federativa do Brasil:* promulgada em 05.10.1988. Rio de Janeiro: Forense, 1990.

SODRÉ, Muniz. Uma genealogia das imagens do racismo: discurso sobre o negro serviram à dominação e à exclusão social. *Folha de São Paulo*, São Paulo, 19 mar. 1995. Caderno Mais: Herdeiros do Quilombo, p. 6.

SOS RACISMO. *Proposta de Lei contra a discriminação racial*. Lisboa, jun. 1996.

STRECK, Lenio Luiz. *Tribunal do júri: símbolos & rituais*. 2. ed. rev. e ampl. Porto Alegre: Livraria dos Advogados, 1994.

SUANNES, Adauto. Reflexões a partir da suástica. *Revista Brasileira de Ciências Criminais*, São Paulo, v. 3, n. 12, p. 87-92, out./dez. 1995.

SZNICK, Valdir. Contravenção por preconceito de raça, cor, sexo e estado civil. *JUSTITIA*, São Paulo, v. 138, p. 49-55, abr./jun. 1987a.

——. Nova contravenção sobre preconceito: raça, cor, sexo. *Revista de Jurisprudência do Tribunal de Justiça do Estado de São Paulo*, São Paulo, v. 107, p. 12-15, jul./ago. 1987b.

——. *Novos crimes e novas penas no Direito Penal*. São Paulo: Leud, 1992.

——. *Direito Penal na nova Constituição: terrorismo, pena de morte, tortura - racismo, confisco - banimento*. São Paulo: Ícone, 1993.

TEODORO, Maria de Lourdes.Elementos básicos das políticas de combate ao racismo brasileiro. In: *Estratégias e políticas de combate à discriminação racial*. São Paulo EDUSP: Estação Ciência, 1996. p. 95-111.

TRENTIN, Melina Penteado. A publicidade abusiva e o racismo. *Revista de Direito do Consumidor*, São Paulo, n. 11, p. 84-100, jul./set. 1994.

TRÍPOLI, César. *História do Direito Brasileiro (Ensaio)*. São Paulo: Revista dos Tribunais, 1947. V. II, 1. tomo (até a maioridade) 1808-1840.

VILLAREJO, Júlio Diáz-Maroto y GONZÁLEZ, Carlos J. Suárez. *Codigo Penal y legislación complementaria*. 22. ed. Madrid: Editorial Civitas, S. A., 1996.

WARAT, Luis Alberto. *O direito e sua linguagem*. 2. versão. 2. ed. aumentada. Porto Alegre: Sergio Fabris, 1995. Com colaboração de Leonel Severo Rocha.

ZAVATTI, Patrizia e TRENTI, Alessia. Legislazione italiana in tema di discriminazio ne razziale, etnica e religiosa. *Rassegna Italiana di Criminologia*, Milano, v. 6, n. 4, p. 565-586, out. 1995.